T0285936

Educar en la lectura

Educar en la lectura

Jesús Figuerola

Plataforma
Editorial

Primera edición en esta colección: septiembre de 2020

© Jesús Figuerola, 2020
© de la presente edición: Plataforma Editorial, 2020

Plataforma Editorial
c/ Muntaner, 269, entlo. 1ª – 08021 Barcelona
Tel.: (+34) 93 494 79 99 – Fax: (+34) 93 419 23 14
www.plataformaeditorial.com
info@plataformaeditorial.com

Depósito legal: B 16312-2020
ISBN: 978-84-17886-75-2
IBIC: VS

Printed in Spain – Impreso en España

Diseño de cubierta y fotocomposición:
Grafime

El papel que se ha utilizado para imprimir este libro proviene
de explotaciones forestales controladas, donde se respetan
los valores ecológicos, sociales y el desarrollo sostenible del bosque.

Impresión:
Romanyà Valls
Capellades (Barcelona)

Índice

Índice

«Els llibres no supleixen la vida,
però la vida tampoc no supleix els llibres.»

JOAN FUSTER

Una introducción que no estaba prevista

Este libro debería haberse publicado en la primavera de 2020, pero la aparición de la covid-19 y su rápida expansión por todo el mundo, con especial virulencia en los primeros meses en algunos países de Europa y América, entre ellos España, obligó a paralizar la edición y a esperar a un momento más idóneo.

La covid ha cambiado el mundo, y lo ha hecho a una velocidad jamás vista en la historia de la humanidad. La epidemia de peste de 1347 tardó cuatro años en desplegarse por toda Europa. La llamada gripe española necesitó casi dos años para expandirse y no llegó a hacerlo por todo el mundo. La covid, en cambio, se ha extendido por el mundo entero en menos de tres meses, y lo ha hecho con unas consecuencias que nadie podía prever. No exageramos si decimos que vivimos tiempos extraordinarios. Las escuelas de medio mundo han estado meses cerradas, cosa que no había pasado nunca, y expertos de todo el mundo han tenido que buscar soluciones, muchas veces imprecisas, para dar respuesta a un problema que nadie esperaba. Mario Benedetti tiene una frase que expresa la situación en la que estamos con extraordinaria lucidez: «Cuando creíamos tener todas las respuestas, nos cambiaron todas las preguntas».

En estos meses que llevamos conviviendo con la pandemia hemos tenido que cambiar muchos de nuestros hábitos más habituales. Abrazar a un amigo o a un familiar, o darle dos besos, ha dejado de ser la manera común de saludarse. Mantener la distancia de seguridad se ha convertido en una norma, y el uso de las mascarillas, una práctica que nos parecía insólita y extravagante cuando veíamos a alguna persona que las usaba, se ha convertido en una exigencia cuando estamos en espacios cerrados y en lugares públicos en los que no podemos mantener la distancia mínima de seguridad.

Y, si hemos cambiado a la fuerza muchas cosas de nuestra manera de comportarnos y actuar, no es menos cierto que también hemos ido aprendiendo algunas otras que estaría bien que no olvidáramos nunca.

En primer lugar, la importancia de contar con un sistema público de salud potente y de calidad que garantice una atención sanitaria adecuada a todos los ciudadanos con independencia de su origen o clase social. A lo largo de estos meses hemos visto hospitales desbordados y a médicos extenuados intentando salvar vidas. Sanitarios que se han tenido que jugar la vida, y algunos se la han jugado de verdad, al atender sin el material de protección adecuado a pacientes que tenían la enfermedad. Hay muchas cosas importantes en la vida, pero en esta crisis hemos aprendido que hay algunas sin las cuales la sociedad pierde sentido. La sanidad universal es una de ellas.

Hemos aprendido también, o estamos aprendiendo, la importancia de la responsabilidad individual que todos tenemos para conseguir un fin colectivo. Combatir y vencer la pandemia depende de todos y cada uno de nosotros, de que actuemos con responsabilidad. Mantener la distancia de seguridad con otras personas, usar mascarillas en lugares públicos o tener una higiene adecuada son tres acciones muy concretas que nos protegen a nosotros y que protegen a los que nos rodean. Estamos aprendiendo que ser solidarios es importante y que de lo que hagamos cada uno de nosotros puede depender la vida de otras personas.

La importancia de la educación y la responsabilidad que tienen en ella las familias es otra de las lecciones que hemos aprendido en esta crisis. La escolaridad universal, pública y gratuita fue una de las principales conquistas sociales del siglo xx y uno de los logros colectivos de la humanidad más destacados. Y es importante recordar que una de las funciones básicas de la educación es, o debe ser, reducir las distancias sociales y prestar especial atención a los sectores más vulnerables. La escuela, a pesar de todas sus deficiencias, ha actuado a lo largo del siglo pasado y del actual como el ascensor social por excelencia de las sociedades modernas, hasta el punto de que hay estudios que demuestran que el nivel educativo es un factor más relevante que el origen social a la hora de proporcionar acceso a las clases profesionales.

La escuela ha sido, históricamente, el principal elemento corrector de las desigualdades sociales. Decía León Felipe en *Versos y oraciones del caminante*:

Voy con las riendas tensas
Y refrenando el vuelo,
Porque no es lo que importa
Llegar solo ni pronto,
Sino llegar con todos
Y a tiempo.

No lo olvidemos. No podemos dejar a nadie atrás. La función de la escuela es facilitar el camino para que todo aquel que quiera, por lejano que sea su punto de partida, llegue a la meta antes de que se cierre el control. Llegar juntos y a tiempo.

La covid-19 ha obligado, ya lo hemos dicho, a cerrar las escuelas de medio mundo. En muchos países las clases presenciales del curso 2019-2020 acabaron a principios de marzo y es posible que, si la epidemia continúa, y hasta que se encuentre una vacuna efectiva, los centros docentes tendrán que abrir con menos alumnos por aula y seguramente alternando las clases presenciales con las que se tengan que realizar a distancia. El panorama que se les plantea a los centros educativos es ciertamente preocupante. Y para las familias también, porque han pasado, de la noche a la mañana, a tener que asumir funciones reservadas a la escuela.

¿Y qué hemos observado en estos meses de clases a distancia? Que se ha incrementado la segregación social. Mientras la clase media y alta ha sido capaz de encontrar la manera de que sus hijos se adapten a un entorno de educación desde casa poniendo para ello todos los recursos que han hecho falta, otros grupos sociales, los más desprotegidos y vulnerables, han tenido muchas más dificultades para lograr este proceso de adaptación porque los padres no disponen de los medios, los recursos o las capacidades para convertirse en maestros en una semana. En estos meses de confinamiento hemos visto cómo, dependiendo del capital cultural de las familias, algunas han podido activar los recursos familiares necesarios para continuar la actividad educativa que era imposible realizar desde la escuela e incluso han sido capaces de atender un elemento clave de la formación personal como es el tiempo dedicado a la lectura mientras que otras han sido incapaces, ni que fuera mínimamente, de dar soporte a lo que se pedía desde la escuela.

Existe un consenso total en que el cierre de los centros educativos durante meses tendrá efectos importantes y que producirá en los alumnos menos aprendizajes efectivos. Pero lo grave no es esto en sí, sino que esa pérdida de aprendizajes no ha ocurrido de la misma manera entre las clases medias-altas y las clases bajas porque, en el caso de las primeras, la familia ha podido actuar como un importante elemento compensador. El papel educativo de la familia se ha manifestado en estos meses como no se había visto desde hacía muchos años. Los padres y las madres han tenido que aprender en un tiempo récord a hacer de maestros de sus hijos, de organizadores de su tiempo, de motivadores cuando desfallecían, de solucionadores de problemas tecnológicos cuando fallaba la conexión a internet o se desconfiguraba algo en el ordenador… Pero, por encima de todo ello, han tenido que intentar transmitir a sus hijos el valor y la importancia de la cultura.

A quién le puede interesar este libro

¿Piensas que la lectura es una actividad importante? ¿Piensas también que una buena competencia lectora es necesaria para entender mejor el mundo? Si lo crees, es posible que este libro te pueda interesar.

¿Eres lector? Y, cuando decimos lector, nos estamos refiriendo a que te gusta dedicar una parte de tu tiempo libre a leer, seguramente menos de lo que te gustaría, pero sí que encuentras placer en la lectura. Si eres de estas personas, este libro te puede resultar interesante.

Y, por último, ¿tienes hijos o hijas o tienes relación directa con la gente menuda y te gustaría que también ellos descubrieran el fantástico mundo que existe dentro de los libros y que hicieran de la lectura un poderoso instrumento para su crecimiento personal? Si también en este caso la respuesta es afirmativa, te invitaría a que continúes avanzando en la lectura de este libro.

Porque *Educar en la lectura* va dirigido a quienes piensan que la lectura es una actividad importante en la formación de las personas, a quienes les gusta leer más allá de lo que podríamos considerar lectura obligatoria y que tienen, por motivos familiares o profesionales, relación directa con niños o con gente joven, a los que desearían transmitirles el placer de la lectura y la estima por los libros.

Ahora que ya tenemos definido el posible lector de este libro, pasaremos a responder una pregunta importante: si hago caso de lo que se indica en este libro, ¿voy a conseguir seguro que mi hijo o mi hija se aficione a la lectura? La respuesta, desgraciadamente, es no. Estamos bastante acostumbrados a que nos digan cómo podemos solucionar el problema que sea, por difícil que resulte, de una manera rápida y sencilla: «Aprende inglés sin esfuerzo en veinte días», «Adelgace cinco kilos en una semana», «Gane dinero rápidamente sin salir de casa»… Este libro no tiene la receta milagrosa para conseguir buenos, y felices, lectores. En general, no existen recetas milagrosas para nada. Y eso es bueno, porque demuestra, entre otras cosas, que el ser humano es libre y que es él quien, en definitiva, toma sus propias decisiones. No existe un medio infalible para hacer buenos lectores, como tampoco lo hay para hacer buenos estudiantes, buenos ciudadanos o buenos amantes de la música.

Pero que no tengamos (nadie la tiene) la receta mágica no quiere decir que no sepamos algo de cómo conseguir despertar el interés por la lectura. Sabemos, y sabemos mucho, de cómo facilitar el acceso a la lectura. De entrada, tenemos claro lo que no funciona, sabemos qué cosas no ayudan a educar en la lectura y cuáles incluso pueden llegar a ser contraproducentes. Y en este libro hablaremos de ello, porque con frecuencia nos encontramos con que, con la mejor intención del mundo, algunos padres, y también algunos maestros y educadores, toman decisiones con relación a la lectura de sus hijos o alumnos que lo único que consiguen es alejarlos del objetivo que buscamos: que descubran el extraordinario placer de la lectura y que hagan de ella su principal instrumento de acceso al conocimiento.

Pero, obviamente, el objetivo de este libro pretende ir más allá de decir qué no funciona. A lo largo de estas páginas el lector se encontrará con estrategias y con maneras de actuar que se sabe que sí que ayudan a conseguir que los niños y los adolescentes aprecien la lectura y encuentren en ella placer y entretenimiento. Indicaremos acciones que se pueden desarrollar en el ámbito familiar y mostraremos también algunas experiencias de éxito de fomento de la lectura que nos pueden ayudar a actuar.

De qué estamos hablando cuando hablamos de leer

¿A qué tipo de lectura nos estamos refiriendo? ¿No es cierto que la inmensa mayoría de las personas que viven en las sociedades avanzadas saben leer?

La verdad es que en la actualidad lo que resulta realmente difícil es encontrar a alguna persona que no sea capaz de leer. La enseñanza obligatoria es una realidad en la mayoría de los países del mundo, aunque no en todos, desgraciadamente, y eso ha hecho que la alfabetización haya llegado a una inmensa mayoría de la población mundial. Un estudio de la Unesco indicaba que el 82 % de la población mundial mayor de quince años sabía leer y escribir. Y este porcentaje llega prácticamente al cien por cien en Europa y está por encima del 95 % en la mayoría de los países de América del Sur. Que la inmensa mayoría de la población sabe leer y escribir es un hecho que podemos constatar diariamente. Se calcula que a finales de 2019 había más de dos mil millones de usuarios activos de WhatsApp que se intercambiaban sesenta mil millones de mensajes al día. ¡¡Al día!! Si a ellos les sumamos los más de mil millones de la red social WeChat, el equivalente a WhatsApp en China, podemos hacernos una idea clara de que una inmensa mayoría de la población mundial lee y escribe todos los días, y que lo hace de manera fluida y eficaz, entendiendo eficaz como que sirve a los intereses del usuario.

Vivimos en una sociedad alfabetizada y la lectura se nos muestra hoy como una habilidad necesaria, casi imprescindible, en nuestra realidad diaria. Para desenvolvernos de manera efectiva en el mundo actual necesitamos leer y escribir. Y lo cierto es que prácticamente todo el mundo es capaz de leer y, con mayor o menor dificultad, también de escribir, aunque sean pequeñas notas o textos cortos. Aunque sea a un nivel básico, la mayoría de la población es capaz de entender y de hacerse entender utilizando la palabra escrita.

La competencia lingüística es la competencia de las competencias, pues la mayor parte de nuestros aprendizajes se vehiculan a través del lenguaje. Sin palabras no podemos pensar. Afirma Isabel Solé: «Quien no sabe hacer volteretas puede sentirse incompetente en ciertas ocasiones, pero quien no posee una competencia lectora adecuada se siente incompetente todo el tiempo». Y es cierto. La lectura es la principal vía de acceso al conocimiento. Sin una buena capacidad lectora resulta muy difícil comprender el mundo actual. Y esta realidad marca, por un lado, el reto al que se enfrenta la educación y, por otro, el desafío al que tienen que hacer frente las familias.

La escolaridad universal y obligatoria nos impone el reto de conseguir para todos los estudiantes un nivel adecuado de competencia lectora. Un niño que no sea capaz de adquirirla en los primeros años de la escuela Primaria corre el peligro de verse abocado a un fracaso global en sus estudios. Una escuela que no consiga que sus alumnos, también los más vulnerables, sean buenos lectores es una escuela fracasada. Y, si es un reto, para las escuelas lo es tanto o más para las familias, porque ellas son un elemento clave en el desarrollo del interés por la lectura de los más pequeños. Difícilmente un niño adquirirá el gusto por la lectura si no se lo transmitimos desde casa.

Pero volvamos a la pregunta que nos hacíamos al inicio de este capítulo: ¿de qué estamos hablando cuando hablamos de competencia lectora? ¿El hecho de ser capaces de leer ya nos hace lectores competentes? Creo que todos tenemos claro que no, que hay buenos y malos lectores y que la adquisición de la competencia lectora es un proceso lento que requiere esfuerzo y dedicación y que se consolida, o se debería consolidar, normalmente en la adolescencia.

Existen bastantes clasificaciones para evaluar el nivel lector de los jóvenes. Nosotros veremos brevemente a continuación la que elabora PISA.

Aclaremos en primer lugar qué es PISA. El Programa Internacional de Evaluación de los Alumnos o informe PISA (por sus siglas en inglés, Programme for International Student Assessment) es un estudio llevado a cabo en todo el mundo por la OCDE que mide el rendimiento académico de los alumnos en matemáticas, ciencia y lectura. Su objetivo es proporcionar datos comparables que posibiliten a los países mejorar sus políticas de educación y sus resultados, ya que la finalidad última de este análisis no es tanto evaluar al alumno como al sistema en el que está siendo educado.

El estudio se basa en el análisis del rendimiento de estudiantes de quince años a partir de unos exámenes estandarizados que, desde el 2000, se realizan cada tres años en diversos países.

Por lo que respecta a la lectura, PISA define la competencia lectora como «la capacidad de un individuo para comprender, utilizar y reflexionar sobre textos escritos con el propósito de alcanzar sus objetivos personales, desarrollar su conocimiento y sus capacidades y participar en la sociedad».

Son cinco, o seis, si consideramos que hay jóvenes que no llegan a alcanzar el nivel 1, los niveles de competencia lectora que establece PISA:

• *Por debajo del nivel 1:* en este nivel están los alumnos que pueden leer, en el sentido técnico de la palabra, pero que tienen importantes dificultades para utilizar la lectura como una herramienta que les permita ampliar sus conocimientos y destrezas en diferentes áreas. Por lo tanto, está en entredicho su capacidad de beneficiarse de la educación y de aprovechar las oportunidades de aprendizaje durante su vida. Estaríamos hablando de analfabetos funcionales, es decir, de personas que técnicamente saben leer, pero que en la práctica son incapaces de utilizar la lectura en situaciones habituales de la vida.

- *Nivel 1 (mal lector):* en este nivel están los alumnos que solo pueden ubicar un fragmento de información, identificar el tema principal de un texto y establecer una conexión sencilla con el conocimiento cotidiano.

- *Nivel 2 (lector regular):* en este nivel estarían los alumnos capaces de responder a cuestiones básicas, como las que piden ubicar información directa, realizar inferencias sencillas, identificar lo que significa una parte bien definida de un texto y utilizar algunos conocimientos externos para comprenderla.

- *Nivel 3 (lector normal):* los alumnos con este nivel de lectura son capaces de trabajar con textos de complejidad moderada. Ubican fragmentos múltiples de información, vinculan distintas partes de un texto y son capaces de relacionarlo con conocimientos familiares o cotidianos.

- *Nivel 4 (buen lector):* son alumnos que pueden responder a cuestiones difíciles, como las que piden ubicar información escondida o interpretar significados a partir de sutilezas del lenguaje, y pueden evaluar críticamente un texto.

- *Nivel 5 (excelente lector):* en este nivel se ubican los estudiantes que pueden manejar información difícil de encontrar en textos con los que no están familiarizados. Son estudiantes que muestran una comprensión detallada de estos textos y que pueden inferir qué información del texto es relevante para responder a las cuestiones planteadas. Además, pueden recurrir a conocimiento especializado, evaluar críticamente y establecer hipótesis.

«Sin una buena capacidad lectora resulta muy difícil comprender el mundo actual. Y esta realidad marca, por un lado, el reto al que se enfrenta la educación y, por otro, el desafío al que tienen que hacer frente las familias.»

Y, ahora sí, la introducción que estaba prevista. Empecemos con un cuento

Celia tiene cinco años y va a una escuela de educación infantil que está cerca de su casa. Le encanta ir todos los días. Su clase es grande y luminosa y Celia se lo pasa muy bien en ella. Hay una zona de lectura, otra de juego y una tercera con una moqueta en la que pueden sentarse e incluso descansar. Rosa, la maestra, ha puesto por toda la clase unos pequeños carteles con el nombre de los objetos que hay allí: puerta, ventana, mesa, silla, libro, pizarra, pared, papelera… En la pared del fondo hay un panel de corcho con las fotografías de todos los alumnos de la clase y, al lado de cada una y en letras mayúsculas, su nombre: JUAN, LIDIA, DANI, MARÍA, ANA, SARA, IRENE…, y, por supuesto, CELIA. Celia no sabe leer, pero, cuando ve el cartel en el que pone PUERTA, sabe perfectamente a qué se refiere, igual que sabe que CARLOS es el nombre de su mejor amigo. Para Celia es casi como un juego relacionar los carteles con el objeto o con la persona a la que se refieren. Se los sabe de memoria.

Celia vive en un pueblo cerca de una gran ciudad y el sábado fue con sus padres a pasear por el centro. A ella le gusta mucho ir a la ciudad, le impresiona la cantidad de gente que hay, le atrae ir en el metro, pasear por los puestos del mercado central y divertirse viendo algún espectáculo de los muchos que suele haber los fines de semana por las plazas del centro histórico.

Ese día, cuando estaba caminando por una de las estaciones del metro, de repente Celia se para en seco y casi hace caer a su madre, que la lleva agarrada de la mano.

—¿Qué te pasa? —le pregunta su madre, extrañada.

Celia está concentrada mirando un cartel. No pronuncia ningún sonido, pero abre la boca y mueve los labios como si quisiera decir algo. Y de repente dice:

—SALIDA. Mamá, ahí dice salida, ¿verdad? —pregunta Celia, inquieta y emocionada al mismo tiempo.

Celia acaba de hacer un descubrimiento fantástico: ¡sabe leer! Lo que hasta ese momento eran unas imágenes de unas letras que relacionaba con un objeto o con una persona ahora descubre que son piezas que, combinadas adecuadamente, forman palabras: CASA, CENA, NACE, SACA, CESA, SANA… ¡Cuántas palabras se pueden construir con solo cuatro letras! ¡Cuántas ideas se pueden expresar!

«Quisiera consignar un milagro trivial, del que uno no se da cuenta hasta después de que ha pasado: el descubrimiento de la lectura. El día en que los veintiséis signos del alfabeto dejan de ser trozos incomprensibles, ni siquiera bonitos, en fila sobre un fondo blanco, arbitrariamente agrupados y cada uno de los cuales constituye, en lo sucesivo, una puerta de entrada que da

Y, ahora sí, la introducción que estaba prevista…

a otros siglos, a otros países, a multitud de seres más numerosos de los que veremos en toda nuestra vida, a veces a una idea que cambiará las nuestras, a una noción que nos hará un poco mejores o, al menos, un poco menos ignorantes que ayer.»

MARGUERITE YOURCENAR, *¿Qué? La eternidad*

Seguramente la lectura es uno de los procesos intelectuales más complejos y al mismo tiempo más gratificantes al que se enfrenta una persona. Veintiséis letras, combinadas de la manera adecuada, dan lugar a decenas de miles de palabras que configuran nuestra lengua y nuestro universo de significados. No leemos letras, leemos conceptos, ideas, acciones…, y nuestra inteligencia se activa y nuestra mente comienza a recrear lo que está escrito. Leemos, y nuestro cerebro está realizando un proceso de una complejidad extraordinaria. No solo entendemos lo que leemos, sino que procesamos esa información con nuestros conocimientos anteriores; por eso la lectura es un proceso en buena parte personal e irrepetible, porque parte de nuestra propia experiencia. Y convertimos un texto en un relato increíble que nos abre las puertas de mundos fantásticos.

La lectura nos transmite emociones

Eduardo Galeano falleció en 2015 y ha sido uno de los grandes escritores iberoamericanos de finales del siglo XX y comienzos del siglo XXI. En *El libro de los abrazos* podemos ver la emoción que siente Diego cuando ve por primera vez el mar:

«Diego no conocía la mar. El padre, Santiago Kovadloff, lo llevó a descubrirla. Viajaron al sur. Ella, la mar, estaba más allá de los altos médanos, esperando. Cuando el niño y su padre alcanzaron por fin aquellas cumbres de arena, después de mucho caminar, la mar estalló ante sus ojos. Y fue tanta la inmensidad de la mar, y tanto su fulgor, que el niño quedó mudo de hermosura. Y cuando por fin consiguió hablar, temblando, tartamudeando, pidió a su padre:

—Ayúdame a mirar.»

La lectura nos ayuda a mirar y a entender la realidad. Los objetos y las cosas adquieren entidad cuando las nombramos, cuando les ponemos nombre. Un árbol es un árbol, pero un olivo es mucho más. Una montaña es una montaña, pero el Monte Perdido nos sitúa en un territorio de leyenda.

La lectura nos aporta instrumentos para interpretar críticamente el mundo

Bertrand Russell fue un matemático, filósofo y escritor inglés que en 1950 ganó el premio Nobel de Literatura y a lo largo de toda su vida fue un destacado activista contra la guerra y un defensor del derecho de las personas para actuar libremente.

Y, ahora sí, la introducción que estaba prevista…

«Los hombres temen al pensamiento como no temen a ninguna otra cosa en la Tierra: más que a la ruina, más que a la muerte. El pensamiento es subversivo y revolucionario, destructor y terrible; el pensamiento es inclemente con los privilegios, las instituciones establecidas y los hábitos cómodos; el pensamiento es anárquico y sin ley, indiferente a la autoridad y despreocupado de la bien probada sabiduría de la edad. El pensamiento contempla el abismo del infierno y no se asusta. Acompaña al hombre, una débil partícula rodeada de insondables profundidades de silencio; sin embargo, se apoya en sí mismo orgullosamente, tan impasible como si fuese el señor del universo. El pensamiento es grande, veloz y libre; la luz del mundo y la gloria principal del hombre.»

En la lectura encontramos muchas veces esa ayuda que necesitamos para avanzar, ese impulso que nos hace entender mejor el mundo.

La lectura nos ayuda a descubrir maneras de comunicar sentimientos

Tirant lo Blanc es una de las principales novelas de caballerías y una de las mejores obras de la literatura catalana. Cervantes, en *El Quijote*, afirmaba sobre el *Tirant*: «Dígoos verdad, señor compadre, que, por su estilo, es este el mejor libro del mundo».

A pesar de sus más de quinientos años de antigüedad,

Tirant lo Blanc es una novela que tiene elementos de modernidad plenamente actuales. Uno de ellos es la declaración de amor del caballero Tirant a Carmesina, la hija del emperador:

«—Dime, Tirant —dijo la princesa—, por Dios, que os conceda lo que deseáis, decidme quién es la señora que tanto mal de amor os hace pasar, porque, si os puedo ayudar, lo haré con todo mi corazón, pues estoy impaciente por saberlo.

Tirant se llevó la mano a la manga y sacó un pequeño espejo, y le dijo a la princesa:

—Señora, la imagen que veréis me puede dar muerte o vida. Decidle, vuestra alteza, que tenga piedad de mí.

La princesa cogió rápidamente el espejo y entró en su habitación pensando que sería un dibujo con la cara de una mujer pintada, pero no vio nada más que su propia cara. Entonces ella se admiró mucho de que Tirant hubiera sido capaz de requerir los amores de una dama sin decir ni una palabra.»

La lectura nos muestra la cara más bella de las palabras

La poesía se define como la composición literaria que se concibe como expresión artística de la belleza por medio de las palabras.

Mario Benedetti fue un escritor, poeta, dramaturgo y periodista uruguayo. Su prolífica producción literaria incluye más de ochenta libros y muchos de sus poemas han sido musicalizados por cantantes como Joan Manel Serrat o Nacha Guevara.

COMO SIEMPRE

Aunque hoy cumplas
trescientos treinta y seis meses
la matusalénica edad no se te nota cuando
en el instante en que vencen los crueles
entrás a averiguar la alegría del mundo
y mucho menos todavía se te nota
cuando volás gaviotamente sobre las fobias
o desarbolás los nudosos rencores

buena edad para cambiar estatutos y horóscopos
para que tu manantial mane amor sin miseria
para que te enfrentes al espejo que exige
y pienses que estás linda
                            y estés linda

casi no vale la pena desearte júbilos
                    y lealtades
ya que te van a rodear como ángeles o veleros

es obvio y comprensible
                    que las manzanas y los jazmines
y los cuidadores de autos y los ciclistas

y las hijas de los villeros
y los cachorros extraviados
y los bichitos de san antonio
y las cajas de fósforo
te consideren una de los suyos

de modo que desearte un feliz cumpleaños
podría ser tan injusto con tus felices
cumpledías
acordate de esta ley de tu vida

si hace algún tiempo fuiste desgraciada
eso también ayuda a que hoy se afirme
tu bienaventuranza

de todos modos para vos no es novedad
que el mundo
y yo
te queremos de veras

pero yo siempre un poquito más que el mundo.

Hay muchas maneras de felicitar a alguien por su aniversario, pero seguramente resulte difícil encontrar una manera más bella de hacerlo. Y alguien dirá que hacerlo así es plagiar al poeta y que eso no toca. Pero, en ese caso, estaría bien recordar lo que le dice Mario Jiménez, el cartero de Neruda, al poeta:

«Leer es una manera de vivir, de reconocernos en las palabras de otro, de ver que eso que pensamos y que nos resulta tan difícil de expresar hay alguien que lo ha dicho escogiendo la palabra exacta, el adjetivo justo, la expresión perfecta.»

«—Poeta y compañero —dijo decidido—, usted me metió en este lío, y usted de aquí me saca. Usted me regaló sus libros, me enseñó a usar la lengua para algo más que para pegar estampillas. Usted tiene la culpa de que yo me haya enamorado.

—¡No, señor! Una cosa es que yo te haya regalado un par de mis libros y otra bien distinta es que te haya autorizado a plagiarlos. Además, le regalaste el poema que yo escribí para Matilde.

—¡La poesía no es de quien la escribe, sino de quien la usa!»

ANTONIO SKÁRMETA, *El cartero de Neruda*

La lectura nos ayuda a encontrarnos en las palabras de los otros

Leer es una manera de vivir, de reconocernos en las palabras de otro, de ver que eso que pensamos y que nos resulta tan difícil de expresar hay alguien que lo ha dicho escogiendo la palabra exacta, el adjetivo justo, la expresión perfecta.

La insoportable levedad del ser es una de las principales obras de Milan Kundera. Ambientada en Praga durante 1968, trata de un hombre y sus dudas existenciales en torno a la vida en pareja, convertidas en conflictos sexuales y afectivos. La novela relata escenas de la vida cotidiana trazadas con un profundo sentido trascendental. En un momento, Franz y Sabina están conversando sobre cómo es la vida actual y de qué manera está impregnada de ruido y sonidos.

Y, ahora sí, la introducción que estaba prevista…

«Para él la música es una liberación: lo libera de la soledad, del encierro, del polvo de las bibliotecas, abre en su cuerpo una puerta por la que su alma entra al mundo para hermanarse. Le gusta bailar y lamenta que Sabina no comparta esta pasión con él.

Están los dos en un restaurante y mientras comen se oye por los altavoces una sonora música rítmica.

Sabina dice:

—Esto es un círculo vicioso. La gente se vuelve sorda porque pone la música cada vez más alto. Y, como se vuelve sorda, no le queda más remedio que ponerla aún más alto.

—¿No te gusta la música? —le pregunta Franz.

—No —dice Sabina. Luego añade—: Puede que si viviera en otra época… —Y piensa en el tiempo en que vivía Johann Sebastian Bach, cuando la música era como una rosa que crecía en un enorme valle nevado de silencio.»

¿Puede existir una manera más maravillosa de decir lo que representa la música para Sabina?

La lectura nos ayuda a descubrir mundos fantásticos en donde todo es posible

Y cuando decimos todo es todo. Incluso que una novela que fue rechazada inicialmente por doce editores se acabara convirtiendo en un gran éxito mundial. Porque eso fue lo que pasó con *Harry Potter*.

Hasta doce editores creyeron, cuando leyeron el primer manuscrito de *Harry Potter y la piedra filosofal*, que este no les ofrecía oportunidad de negocio. Después de haber sido rechazado por todos ellos, el agente de J. K. Rowling lo envió a Bloomsbury Publishing —por aquel entonces una pequeña editorial londinense— y su editor jefe, Nigel Newton, no se molestó siquiera en pasar de la primera página. Fue su hija Alice, una niña de ocho años, quien agarró el original despreocupadamente y lo subió a su habitación. «Bajó corriendo un poco más tarde y me dijo que era lo mejor que había leído», confesó Newton años después en una entrevista en *The Independent*.

«—Discúlpeme —dijo Harry a la mujer regordeta.

—Hola, querido —dijo—. Primer año en Hogwarts, ¿no? Ron también es nuevo.

Señaló al último y menor de sus hijos varones. Era alto, flacucho y pecoso, con manos y pies grandes y una larga nariz.

—Sí —dijo Harry—. Lo que pasa es que…, es que no sé cómo…

—¿Cómo entrar en el andén? —preguntó bondadosamente, y Harry asintió con la cabeza.

—No te preocupes —dijo—. Lo único que tienes que hacer es andar recto hacia la barrera que está entre los dos andenes. No te detengas y no tengas miedo de chocar, eso es muy importante. Lo mejor es ir deprisa, si estás nervioso. Ve ahora, ve antes que Ron.

—Hum… De acuerdo —dijo Harry.

Y, ahora sí, la introducción que estaba prevista...

Empujó su carrito y se dirigió hacia la barrera. Parecía muy sólida. Comenzó a andar. La gente que andaba a su alrededor iba al andén nueve o al diez. Fue más rápido. Iba a chocar contra la taquilla y tendría problemas. Se inclinó sobre el carrito y comenzó a correr (la barrera se acercaba cada vez más). Ya no podía detenerse (el carrito estaba fuera de control), ya estaba allí... Cerró los ojos, preparado para el choque...

Pero no llegó... Siguió rodando... Abrió los ojos...

Una locomotora de vapor, de color escarlata, esperaba en el andén lleno de gente. Un rótulo decía: "Expreso de Hogwarts, 11 h". Harry miró hacia atrás y vio una arcada de hierro donde debía estar la taquilla, con las palabras "Andén nueve y tres cuartos". Lo había logrado.»

Por qué leemos

Leemos para comunicarnos

Existen muchas razones por las que leemos, pero la primera de todas es muy simple: leemos para comunicarnos. Y seguramente la prueba más clara de la importancia de la lectura para la comunicación entre las personas es el uso generalizado de aplicaciones como WhatsApp, Facebook, Telegram y otras. Curiosamente, en un mundo en el que lo audiovisual lo impregna todo y en el que algunos gurús habían pronosticado la pérdida de importancia de la lectura y la escritura, la realidad es que jamás en la historia de la humanidad se ha leído, y escrito, tanto como ahora, hasta el punto de convertirse en una práctica habitual en un porcentaje amplísimo de la población mundial. Al comienzo de este libro decíamos que a finales de 2019 WhatsApp contaba con dos mil millones de usuarios activos, más del 25 % de la población mundial. Y esos usuarios pasan de media alrededor de una hora al día utilizando esta aplicación, es decir, leyendo, escribiendo y pasando información. En definitiva, comunicándose. Esa es la primera función de la lectura.

Leemos para relacionarnos con el mundo

Vivimos en una sociedad alfabetizada. En la Edad Media se indicaban los talleres artesanales poniendo en la fachada alguno de los objetos que fabricaban o algún dibujo que los identificara. La mayoría de la gente no sabía leer y esta era la manera de comunicar a la población el producto que se vendía en cada taller. En la actualidad, las calles están llenas de carteles con textos de todo tipo y los productos que encontramos en las tiendas nos explican de manera escrita sus características. Leer se ha convertido en una actividad imprescindible para relacionarnos con el mundo que nos rodea y para entenderlo. Seguramente, alguna vez hemos estado en algún país en el que no comprendíamos su idioma y nos hemos dado cuenta de cómo necesitamos la lectura y de lo inseguros que nos encontramos cuando no entendemos nada. Y es en esta necesidad de entender el mundo donde adquiere sentido el aprendizaje de las lenguas extrajeras.

Leemos para aprender

La escritura y la lectura han sido dos herramientas clave para el desarrollo de la cultura y los libros han sido a lo largo de la historia la mejor forma de almacenar conocimiento fuera de nuestra memoria. Es importante señalar aquí que han sido los libros los que han permitido a la humanidad codificar el saber adquirido a lo largo de los tiempos.

Por qué leemos

La aparición de la escritura supuso una transformación completa en la memoria colectiva de una docena de civilizaciones fundadoras. La primera forma de escritura, la cuneiforme, datada hacia el 3500 a. C. en la zona de Mesopotamia, nace, en primer lugar, ante la necesidad de contabilizar bienes y transacciones, es decir, su origen tenía una finalidad contable.

Del 2100 a. C. es la *Epopeya de Gilgamesh*, basada en cinco poemas independientes sumerios, y constituye la obra épica más antigua conocida. Habrá que esperar cuatro siglos más, hasta el 1700 a. C., para que aparezca el primer código escrito de la humanidad. El *Código de Hammurabi* es el primer conjunto de leyes de la historia. En él, Hammurabi enumera las leyes que ha recibido del dios Marduk para fomentar el bienestar entre las gentes.

Si los textos escritos han sido y son los depositarios del saber de la humanidad, es lógico pensar que una de las finalidades principales de la escuela debe ser conseguir que los estudiantes sean capaces de tener la suficiente competencia lectora que les permita adquirir los conocimientos que les corresponden para su edad. La comprensión de diferentes tipos de textos o el dominio de vocabularios específicos son algunas de las destrezas que requiere este nivel de lectura.

Leemos para saber qué piensan los otros

Vivimos en la sociedad de la información. Jamás en la historia de la humanidad hemos tenido acceso a tanta información y de manera tan inmediata como en la actualidad. Un acontecimiento más o menos importante que pasa en cualquier punto del mundo (un récord de natación, un accidente aéreo, un concierto de un cantante famoso, etcétera) es conocido en todo el mundo en cuestión de horas o minutos. Tenemos acceso a más información de la que alguien que no haya vivido la revolución tecnológica actual habría podido ni soñar.

Antes del mundo de internet, las grandes enciclopedias (*Larousse*, *Espasa*, *Gran Enciclopèdia Catalana*, *Encyclopedia Britannica*, entre otras) se actualizaban gracias a los anexos que se publicaban cada dos o tres años. Ahora la *Wikipedia* actualiza sus entradas casi al instante.

Pero, paradójicamente, esta gran cantidad de información en muchas ocasiones no consigue que estemos más y mejor informados. Bien al contrario, los expertos hablan del fenómeno de «exceso de información», un término que se utiliza para caracterizar el elevado nivel de estrés de quienes intentan a toda costa asimilar el caudal de información que les llega constantemente a través de la televisión, los teléfonos móviles, los periódicos, los libros y, sobre todo, de internet. Necesitamos saber elegir qué información es relevante y cuál es anecdótica, qué es veraz y qué es falso.

Siempre ha habido noticias falsas. La manipulación de la

verdad ha sido una práctica habitual a lo largo de la historia, pero jamás había adquirido la importancia que tiene en un mundo hiperconectado como el actual. Las *fake news*, las noticias falsas, tienen cada vez más importancia en el mundo digital y resulta muchas veces extraordinariamente complicado separar la verdad del engaño. Estudios recientes del MIT indican que las *fake news* se extienden más rápido que la verdad. El mismo informe señala que «la falsedad se difunde significativamente más lejos, más rápido, más profunda y más ampliamente que la verdad en todas las categorías de información».

Otros estudios apuntan en la misma línea y muestran que los adolescentes —los llamados nativos digitales— no logran distinguir una noticia real de una falsa. Según el Estudio Internacional de Alfabetización Computacional y Manejo de Información (ICILS, por sus siglas en inglés) de la Asociación Internacional para la Evaluación del Rendimiento Educativo (IEA), solo el 2 % de los jóvenes entrevistados mostró habilidades necesarias para la selección o la identificación de información *online*, pese a que el 89 % dijo que se sentía hábil en la tarea.

El fenómeno de las noticias falsas, o posverdad, como también se las denomina, plantea nuevos retos a la educación, tanto desde el ámbito formal como desde el informal. La alfabetización mediática es más necesaria que nunca. Si las nuevas generaciones obtienen su información de las redes sociales y de otros recursos en línea, deben aprender desde pequeños a decodificar lo que leen. Es necesario dotarlos de los instrumentos necesarios para comprender, analizar y evaluar contenidos y para ser capaces de distinguir entre noticias ciertas y falsas.

Se habla del «cuarto poder» para referirse a los medios de comunicación por su gran capacidad de influencia en los asuntos sociales y políticos de un país y por la característica de ser un elemento fundamental sobre el que se sustenta el sistema democrático. Por ello, es más necesario que nunca empoderar a los ciudadanos y facilitarles la adquisición de las competencias mediáticas necesarias para acceder, comprender, analizar, evaluar y producir contenido con un sentido cívico que refuerce la democracia construyendo una ciudadanía informada que pueda decidir libremente. Es responsabilidad de todos luchar contra la creciente tolerancia al engaño y a la mentira.

Leer es elegir, tener la capacidad de saber medir la verdad de lo que estamos leyendo.

Leemos para argumentar mejor

Continuamente construimos argumentos. Nuestros hijos lo hacen cuando intentan convencernos para que los dejemos ir al cine con sus amigos y lo hacemos también nosotros cuando queremos convencer a alguien porque consideramos que algo que pensamos o queremos es importante. El «porque sí» o el «porque no» no son argumentos.

Construir argumentos no es una tarea sencilla y se va

mejorando a lo largo de la vida. Y en ese proceso de aprendizaje la lectura tiene un papel primordial, porque es en los textos escritos donde podemos acercarnos a la opinión o al punto de vista de otras personas respecto a un tema y a los argumentos que establece para fundamentar su opinión. Y de esta manera podemos también nosotros ir aprendiendo a argumentar mejor para construir nuestras ideas.

Leemos por el placer de leer

«Si un libro aburre, déjelo. No lo lean porque es famoso. No lo lean porque es moderno. No lo lean porque es antiguo. Si un libro es tedioso para ustedes, déjenlo. Leer es buscar una felicidad personal, un goce personal. Si no, caemos en la tristeza de las bibliografías, de las citas.»

JORGE LUIS BORGES

Hemos dejado esta razón para el final porque, si lo conseguimos, es casi seguro que tendremos garantizadas también todas las anteriores. La lectura, más allá de ser el instrumento esencial para acceder al conocimiento, es, o debería ser por encima de todo, una incalculable fuente de placer, un entretenimiento poderosísimo que nos abre las puertas a mundos que no podíamos ni imaginar.

«Leer es buscar una felicidad personal», decía Borges. «No hay amigo tan leal como un libro», afirmaba Ernest Hemingway. «Aprender a leer es lo más importante que me

«El fenómeno de las noticias falsas, o posverdad, como también se las denomina, plantea nuevos retos a la educación, tanto desde el ámbito formal como desde el informal.»

ha pasado en la vida», concluye Mario Vargas Llosa. Todas estas afirmaciones tienen una cosa en común: se refieren a la lectura como una experiencia agradable e íntima, que establece complicidades entre el lector y el texto y que nos ayuda a crecer como personas.

Los beneficios de la afición a leer, de la lectura por placer, son múltiples:

- Los informes PISA constatan de manera reiterada que la lectura es más importante para el éxito escolar que el estatus socioeconómico de la familia. La lectura por placer desafía la pobreza familiar, la mala escuela y hasta la falta de escuela.
- La lectura por placer contribuye a desarrollar las llamadas habilidades blandas: empatía, autocontrol, disciplina y perseverancia.
- Favorece la autoestima y enriquece las relaciones sociales.
- Es un predictor importante del éxito profesional.

Desgraciadamente, la escuela no incide de manera especial en este tema. En la escuela se lee mucho, pero no siempre se despierta la afición por la lectura en los niños. Más bien al contrario. Lamentablemente, en muchas ocasiones los alumnos asocian el verbo *leer* a deber y a obligación. Y muchas veces a castigo.

Si la lectura por placer no se consigue en la escuela, la conclusión es evidente. Si queremos tener hijos que disfruten de la lectura, debemos tener claro que en gran medida dependerá de lo que hagamos nosotros en casa, porque es en la infancia donde se comienza a asentar el aprecio por la lectura. De la capacidad que tengamos de transmitir la estima por la lectura y de generar estrategias que acerquen los libros a nuestros hijos dependerá en buena medida que adquieran o no el hábito lector.

«La lectura, más allá de ser
el instrumento esencial para
acceder al conocimiento, es,
o debería ser por encima de
todo, una incalculable fuente
de placer, un entretenimiento
poderosísimo que nos abre
las puertas a mundos que no
podíamos ni imaginar.»

Lectura en papel o digital. Algunos elementos que tener en cuenta

Un estudio realizado en 2019 sobre el tiempo que pasaban los niños y los adolescentes conectados a internet nos mostraba el panorama siguiente:

- Los niños de entre cinco y once años pasan una media de 711 horas y 45 minutos al año conectados a internet, casi dos horas al día los siete días de la semana. Un dato que adquiere relevancia si lo comparamos con las horas anuales que están en el colegio, aproximadamente 790.
- En cuanto a los adolescentes de entre doce y diecisiete años, las cifras aumentan hasta las 1.058 horas y media al año, mientras que el tiempo que están en el instituto se sitúa en 1.054 horas. Estamos hablando de casi tres horas diarias conectados a internet.

El uso de internet se ha generalizado en todo el mundo y en todas las edades y este hecho ha provocado cambios profundos en cuestiones tan diversas como el acceso a la información, el ocio e incluso las relaciones personales. Si queremos saber cómo funciona un aparato, no leemos el manual de instrucciones. Consultamos internet y miramos algún vídeo de YouTube donde nos explica lo que tenemos que hacer. Reservamos entradas a los espectáculos a través de la web y dedicamos una parte importante de nuestro tiempo, los niños también, a hablar con los amigos a través de Facebook, WhatsApp, Instagram u otras redes sociales.

Lo primero que tenemos que decir es que estamos hablando de un fenómeno bastante nuevo, aunque parece que ha estado toda la vida con nosotros. Google, el navegador por excelencia en internet, nace en 1998, Facebook lo hace en 2004, WhatsApp en 2009 e Instagram en 2010. En solo veinte años, internet ha cambiado el mundo.

¿Está afectando esta revolución a la lectura? Y, más concretamente, ¿está afectando internet a la lectura en los niños y en los adolescentes?

En este capítulo analizaremos brevemente la lectura en el mundo digital e intentaremos responder a algunas preguntas:

- ¿Es igual la lectura en papel y la lectura digital?
- ¿Es conveniente que los niños lean solo en digital?

Son numerosos los estudios que se están realizando que intentan aportar un poco de luz sobre este tema y que analizan si la lectura digital difiere de la lectura en papel. Y, si es así, como parece ser, qué implicaciones tiene en la forma en que los niños aprenden a leer en profundidad y adquieren el hábito lector.

Las nuevas tecnologías de la información y la comunicación (TIC) e internet hicieron presagiar la muerte del libro impreso. Fueron muchos los «expertos» que vaticinaron que en 2015 el libro digital superaría al físico y que a partir de 2020 el libro en papel quedaría reducido a un espacio marginal. La realidad es que nada de esto ha pasado. En el Barómetro de Hábitos de Lectura y Compra de Libros en España de 2019 que publica la Federación de Gremios de Editores de España, a la pregunta de qué formato tenía el último libro que habían leído, el 83 % de los consultados indicó que era un libro en papel y solo el 17 % que era algún tipo de formato digital.

Y esto que está pasando en España pasa, más o menos igual, en todo el mundo. Incluso en algunos países en los que el libro digital entró con más fuerza, en los Estados Unidos, por ejemplo, han visto cómo se reducía su venta en los últimos años.

Qué nos dicen los estudios sobre la lectura digital

Un trabajo de Mirit Barzillai y Jenni M. Thomson, «Children learning to read in a digital world» («¿Cómo aprenden a leer los niños en el mundo digital?»), apunta algunos elementos importantes que tener en cuenta. Señalan que la lectura compartida, leer a los hijos, usando libros de cuentos digitales no ofrece la misma riqueza de lenguaje y la misma experiencia de vinculación que tiene lugar cuando los niños se encuentran en los brazos de sus padres y estos están leyendo un libro de cuentos impreso.

Destacan también que las abundantes características tecnológicas en los cuentos digitales (juegos integrados, animación de imágenes, sonido de animales, etcétera) son muy atractivas, pero que se corre el peligro de eclipsar la narrativa y de desbordar la capacidad de atención de los más pequeños. Muchas veces los niños se ven fácilmente arrastrados de un elemento atractivo a otro y pueden acabar perdiendo el hilo argumental del relato. Sobre este aspecto, señalan un estudio de Jong y Bus realizado en un jardín de infancia en el que se dejaba a los niños usar de manera independiente los libros digitales de cuentos y observaron que la mayoría no atendía a la narración, navegaba por la historia de manera deficiente y pasaba una gran parte del tiempo jugando.

El mismo trabajo apunta que esta abundancia de opciones y actividades enlazadas en el relato de los libros digitales puede inducir a los padres a pensar que su apoyo no es tan necesario como en el libro impreso y se corre el peligro de dejar a los niños sin ningún tipo de interacción con los padres, cuando se sabe que esta es muy necesaria para el desarrollo del lenguaje y del hábito lector.

Por otro lado, un estudio de Pablo Delgado, Cristina Vargas y Ladislao Salmerón en *Investigación y Ciencia* plantea algunos problemas de la lectura en formato digital respecto de la lectura en papel:

- La lectura en pantalla disminuye nuestra comprensión del texto, sobre todo si se trata de contenido informativo.
- La lectura digital favorece la distracción, lo que interfiere en las capacidades cognitivas necesarias para leer y comprender; entre ellas, la atención, la concentración y la memorización. Como consecuencia de ello, se produce lo que se ha denominado «comportamiento de lectura basado en pantalla»: se salta de un recurso a otro para consumir contenidos en detrimento de una lectura profunda y reposada. En el mundo digital raramente hacemos una lectura lineal de un texto. La abundancia de hipervínculos, de diagramas que se abren con un solo clic o de avisos que aparecen de manera reiterada en la pantalla dificulta la lectura comprensiva de textos complejos. Pasamos muchas horas al día delante de una pantalla, pero lo hacemos «saltando» continuamente de un contenido a otro.
- La lectura en pantalla dificulta la comprensión y el recuerdo de la información. La lectura en soporte impreso, en cambio, favorece un recuerdo superior del relato y de su contenido respecto de la lectura digital.

Completaremos este panorama con unas características de la lectura digital que aparecen en un estudio del CERLALC (Centro Regional para el Fomento del Libro en América Latina y el Caribe), *Lectura en papel vs. lectura en pantalla*, editado por Miha Kovač y Adriaan van der Weel. En este estudio se apuntan algunas características importantes de la lectura digital:

- «Internet es un medio inherentemente rápido: a medida que se sigue utilizando para la lectura, provoca una tendencia en los usuarios a preferir la lectura de textos más cortos.
- Los textos más cortos son, por naturaleza, menos complejos y con un vocabulario más limitado que los textos extensos.
- La reducción en la exposición a textos extensos tiende a disminuir la habilidad de involucrarse con la complejidad en la argumentación; la sintaxis y la gramática, y la profundidad y la amplitud del vocabulario.
- Cuanto menos se practique la lectura de textos complejos con vocabulario amplio, más probabilidades habrá de que las personas menos educadas dejen de buscar lecturas en formatos extensos, incluso para entretenerse, y que recurran a la televisión, el cine y las series en su lugar».

Entonces, ¿qué debemos hacer?

Volvamos a las dos preguntas que nos planteábamos al principio del capítulo: ¿es igual la lectura en papel y la lectura digital?

Ya vemos que no. La lectura digital es directa y muy práctica, pero plantea dificultades para la comprensión de textos largos, favorece la dispersión y disminuye la atención.

¿Es conveniente que los niños lean solo en digital? Evidentemente, tampoco. Es un hecho que leen en digital de manera continuada. Recordemos el dato: los niños de entre cinco y once años pasan más de dos horas conectados a dispositivos electrónicos con acceso a internet. Pero esta realidad choca con un informe reciente de Unicef realizado a partir de la situación educativa que ha generado la pandemia provocada por la covid en el que hace suyas las recomendaciones de la Asociación Americana de Pediatría y propone evitar por completo la exposición a las pantallas hasta los dieciocho meses, entre media hora y una hora de los dos a los cinco años, «siempre que sean contenidos de alta calidad», y entre los cinco y los doce años se puede subir a una hora y media al día bajo acompañamiento y supervisión de un adulto.

La realidad de la lectura digital es imparable y de ninguna manera debemos verla como un problema. Pero, si queremos educarlos en la lectura y despertar en ellos el placer por leer, debemos tener claro que el libro impreso continúa siendo un elemento imprescindible en la formación lectora. Que los niños puedan pasar las páginas de un libro, que puedan tocarlo e incluso olerlo, que tengan en su habitación una pequeña biblioteca con sus libros o que acudan a la librería a buscar ese libro fantástico con el que pasarán entretenidos muchas horas son acciones que ayudan a crear un espacio favorable a la lectura y a los que no podemos renunciar.

«Si queremos educarlos
en la lectura y despertar
en ellos el placer por leer,
debemos tener claro que el
libro impreso continúa siendo
un elemento imprescindible
en la formación lectora.»

1.
Cosas que no debemos hacer si queremos tener hijos lectores

Partamos de un hecho: todo el mundo, o casi todo el mundo, considera que la lectura es buena y que leer es importante para el desarrollo personal. En todas las encuestas que de vez en cuando realizan las diferentes Administraciones para analizar las prácticas culturales de las personas, sus intereses y sus necesidades, el libro y la lectura suelen ser de los que resultan mejor parados. Casi nadie dice que la lectura sea inútil o que los libros no sirvan para nada. Ya sé que se me dirá que una cosa es lo que dice la gente cuando se le pregunta y otra bien distinta lo que hace realmente. Eso es cierto, pero hay que reconocer que la situación inicial, la valoración positiva de la lectura, es un buen punto de partida. La Federación de Gremios de Editores de España publica con regularidad el Barómetro de Hábitos de Lectura y Compra de Libros en España, que ya hemos mencionado. En él se analiza la actitud de la población mayor de catorce años ante la lectura. Es un trabajo muy completo e interesante porque nos ofrece una visión muy precisa de la lectura en nuestro país. El 88 % de los encuestados está de acuerdo en que leer contribuye a tener una actitud más abierta y tolerante. El 87 % afirma que leer es una actividad emocionante y estimulante y que los ayuda a comprender el mundo que los rodea. Y el 76 % está de acuerdo en que leer los hace más felices. La valoración de la lectura es claramente positiva, aunque también es cierto que cerca del 50 % afirma que leer requiere un esfuerzo y una concentración que no tiene en el día a día y que el 59 % considera que hay muchas actividades de ocio más entretenidas que leer. Por último, solo un 18 % de las personas encuestadas afirma que para tener cultura no hace falta leer libros.

La sociedad considera importante la lectura y los padres desean que sus hijos e hijas sean buenos lectores porque saben que, entre otras cosas, la lectura y el éxito académico están estrechamente ligados.

Si todo el mundo, o casi todo el mundo, considera que leer es bueno, es lógico pensar que los padres y las madres intentarán conseguir que sus hijos se aficionen a la lectura y que la integren entre sus hábitos frecuentes. ¿Cómo lo hacen? ¿Desarrollan siempre la mejor estrategia o, con toda la buena intención, a veces consiguen el efecto contrario?

La realidad es que no siempre actuamos de la mejor manera. Es cierto que ponemos toda la buena voluntad del mundo y que lo hacemos porque estamos convencidos de que es lo mejor para nuestros hijos. Pero no siempre conseguimos el resultado que perseguimos.

Gianni Rodari escribió un artículo titulado «Nueve formas de enseñar a los niños a odiar la lectura» que, a pesar de que fue escrito en 1966, si alguien lo escribiera hoy como nuevo, no nos resultaría anacrónico. Lo cual, dicho sea de paso, puede hacernos dudar de lo que hemos avanzado desde entonces en animación lectora. También Joan Carles Girbés, en *El método definitivo para tener hijos lectores*, nos da «Diez consejos infalibles para que los niños odien la lectura». No son las únicas listas. Otros autores también han insistido en resaltar estrategias que solemos utilizar para que los más pequeños aprecien la lectura y que normalmente acaban teniendo el efecto contrario.

A continuación veremos algunos de los errores más comunes que cometemos cuando queremos que nuestros hijos lean. Son actitudes muy generalizadas, pero que suelen tener efectos devastadores porque contraponen la lectura a situaciones que resultan agradables para los niños.

1. Presentar el libro como una alternativa a la televisión, a los videojuegos o a internet

Cuántas veces hemos dicho: «Apaga la tele y ponte a leer un rato», «Deja de jugar con la consola y lee», «Ya está bien de perder el tiempo, ponte a leer un poco». Enfrentar el libro a una actividad placentera para los niños no es una buena estrategia. Si para leer deben dejar de hacer algo que les gusta y que con frecuencia implica relacionarse con otros semejantes (los niños pueden estar jugando en la red y comunicándose con sus amigos al mismo tiempo), corremos el peligro de conseguir el efecto contrario al deseado: que vean la lectura como una actividad de riesgo que los aparta de otras mucho más atractivas para ellos.

2. Decir a los niños de hoy que los de antes leían más

Es una mala estrategia por dos razones. La primera porque no es cierto. Jamás en la historia de la humanidad se ha leído tanto como ahora (sí, libros también) y jamás los niños han tenido tanto contacto con los libros y la lectura como en la actualidad. Esta idea, muy extendida, de que los niños de ahora estudian menos que los de antes, que aprenden menos y que están peor preparados es radicalmente falsa. La escolaridad universal es un logro reciente de las sociedades avanzadas. En España no es hasta el período de la Segunda República cuando se establece la escuela obligatoria para todos los niños y niñas entre los seis y los doce años. Y, por otro lado, no hace falta remontarse muchos años atrás para ver que la educación de las niñas era diferente, y mucho peor, que la de los niños. La conocida como ley Moyano de 1857 fue una de las primeras leyes españolas que intentó establecer un sistema de enseñanza para todos los niños y niñas. En esta ley podemos encontrar disposiciones como la siguiente:

Cosas que no debemos hacer si queremos tener hijos lectores

«En las enseñanzas elemental y superior de las niñas se omitirán los estudios de que trata el párrafo sexto del art. 2, Breves nociones de Agricultura, Industria y Comercio, y los párrafos primero y tercero del art. 4, Principios de Geometría, de Dibujo Lineal y de Agrimensura y Nociones generales de Física y de Historia Natural, reemplazándose con:

Primero. Labores propias del sexo [femenino, se entiende].

Segundo. Elementos de Dibujo aplicado a las mismas labores [de las mujeres, claro].

Tercero. Ligeras nociones de Higiene doméstica.»

Disposiciones posteriores continuaron manteniendo diferencias significativas entre la educación de los niños y la de las niñas, una situación de discriminación que se mantuvo hasta la Segunda República española, cuando se estableció que la educación de los niños y las niñas tenía que ser igual. Desgraciadamente, la dictadura del general Franco supuso un paso atrás, pues se volvieron a marcar diferencias en razón del sexo que se mantuvieron hasta la promulgación de la Ley General de Educación de 1970. Así pues, la verdad es que tenemos la juventud mejor preparada que ha habido nunca.

La segunda razón por la que esta estrategia no es buena es porque para los niños el pasado es, precisamente, eso, pasado. Un tiempo que ya no existe y con el que ellos no se identifican. En definitiva, un tiempo que no es suyo. La frase «cualquier tiempo pasado fue mejor» puede resultar muy nostálgica y emotiva, pero no les dice nada a los niños y casi nada a los jóvenes. Y, además, es, casi siempre, falsa. Por lo

«Por lo que respecta a la
lectura, que optemos o no
por ella dependerá, entre
otras cosas, de que esta
sea de calidad y de que la
sociedad la sitúe como un
valor cultural fundamental
para el progreso personal
y colectivo.»

general, los niños no ven en el pasado ninguna arcadia feliz a la que sería deseable volver.

3. Creer que los niños tienen demasiadas distracciones y criticarlos por ello

Es cierto que en la actualidad tenemos acceso a muchas más posibilidades de ocio cultural de las que tenían nuestros antepasados de principios del siglo xx: podemos ir al teatro, acudir a espectáculos musicales, ir al cine o visitar museos. Y también podemos ver una obra de teatro desde el sofá, escuchar un concierto con el equipo de música o visitar algunos de los museos más importantes del mundo y contemplar sus obras sin salir de casa. Nuestras posibilidades de acceso al ocio cultural son casi infinitas.

¿Se han sustituido las formas antiguas de ocio por las nuevas? Clarísimamente, no. El cine no ha acabado con el teatro igual que la televisión no ha acabado con el cine. Escuchamos música continuamente a través de aparatos electrónicos y al mismo tiempo acudimos más que nunca a conciertos y espectáculos musicales en directo. Los videojuegos, muchos muy malos, pero bastantes muy buenos, se han convertido en un elemento más del ocio de los jóvenes y de los no tan jóvenes, pero eso no les impide escuchar música o ver series de televisión.

Y en este amplio espacio de oferta cultural están los libros. Y es cierto que tienen más competencia de la que han tenido nunca, pero esto no nos debe dar miedo por dos razones:

La primera, porque es un tema que no tiene vuelta atrás. Vivimos en un mundo hiperconectado en el que cada vez tendremos más acceso a más cosas. Nos puede gustar o no, pero es así. Y, si intentamos oponernos al mundo que está llegando, es casi seguro que no conseguiremos conectar con nuestros hijos.

Y la segunda razón es porque, aunque pueda parecer extraño a primera vista, la realidad es que el consumidor de cultura no es un consumidor de un solo tipo de cultura. El que va al teatro suele acudir también a espectáculos musicales. La persona aficionada al cine suele leer y el buen lector no pierde ocasión de visitar un museo de arte cuando viaja. Es muy raro encontrar a una persona a la que solo le gusta ir a museos o que solo se interesa por la ópera, por poner un ejemplo.

Lo que sí que es cierto es que tenemos más oferta cultural que nunca y, por lo que respecta a la lectura, que optemos o no por ella dependerá, entre otras cosas, de que esta sea de calidad y de que la sociedad la sitúe como un valor cultural fundamental para el progreso personal y colectivo.

4. Echar la culpa a los niños si no les gusta la lectura

Cuántas veces hemos oído decir frases como «La juventud no sabe comportarse» o «Los chicos de ahora no tienen educación». Los mayores tenemos una tendencia muy grande a pensar que lo que hacemos nosotros está bien y que los jóvenes no hacen lo que deben. Parece como si nosotros, los adultos, no tuviéramos ninguna responsabilidad en cómo son los jóvenes de hoy. Y la verdad es que tenemos bastante. Nosotros somos los responsables de la sociedad actual, de sus éxitos y también de sus deficiencias. Somos nosotros, los adultos, los que dirigimos la vida social, económica y política del mundo en el que vivimos. El modelo educativo lo hemos construido nosotros y los valores de la sociedad también. Si muchos jóvenes son consumidores compulsivos, seguramente tendrá que ver bastante con el hecho de que hemos creado un modelo de sociedad basado en el consumo. Nos quejamos de que muchos jóvenes toman bebidas alcohólicas, pero, al mismo tiempo, potenciamos este tipo de producto. No podemos huir de nuestra responsabilidad. El mundo que existe es el mundo que hemos construido nosotros. Los jóvenes tendrán su momento dentro de unos años, cuando sean adultos y sean ellos los que tengan que tomar las decisiones sobre cómo quieren que sea el mundo y sobre qué valores deben sustentarlo.

Mientras tanto, si a los niños, a algunos niños, no les gusta la lectura, la responsabilidad no hay que buscarla en ellos. Miremos a la sociedad y, más importante todavía, miremos lo que hacemos nosotros, padres y madres, en nuestra casa.

Existe un tipo de aprendizaje que tiene una extraordinaria importancia en la formación de las personas. Nos referimos al aprendizaje vicario. Técnicamente, el aprendizaje vicario es el tipo de aprendizaje que ocurre cuando observamos, muchas veces de manera inconsciente, el comportamiento de otros individuos y, en función de diversos factores, lo integramos o no en nuestra manera de ser y de actuar. En el caso de los niños, este tipo de aprendizaje es importantísimo. Aprenden más por lo que ven que por lo que se les dice. Y eso, en el tema que nos afecta, tiene unas consecuencias claras. Es mucho mejor que nos vean leer y que no les digamos nada que les digamos cada dos por tres que lean y ellos observen que nosotros no leemos nunca. Hay demasiadas casas en las que los libros tienen una escasa o nula presencia y hay muchos padres y madres que no leen nunca y luego se sorprenden si sus hijos hacen lo mismo que ellos.

5. Negarse a leer a los niños

A los niños pequeños les encanta que les lean cuentos y por poco que lo hagamos comprobaremos cómo esta actividad se convierte en una de las más valoradas y gratificantes del día. Es cierto que vivimos en una sociedad que nos tiene constantemente ocupados y que muchas veces nos resulta difícil encontrar el momento, pero, si no somos capaces de conseguir que la lectura tenga su espacio y su tiempo en nuestras casas, será muy difícil que nuestros hijos lleguen a disfrutar con ella.

6. Forzar sus gustos para que lean ese libro que a su edad a nosotros nos encantó

La isla del tesoro, *Moby-Dick*, *La vuelta al mundo en ochenta días* o las aventuras de *El Club de Los Siete Secretos* son algunas de las lecturas que me ayudaron a descubrir el fantástico universo de los libros. Son lecturas que forman parte por mérito propio de la historia de la literatura y que han despertado la imaginación de millones de personas.

Pero que nos hayan gustado a nosotros no quiere decir que tengan que gustarles a nuestros hijos. Los tiempos cambian y la manera de construir los relatos también. Julio Verne necesitaba hacer descripciones muy precisas de los lugares donde transcurrían sus aventuras porque en aquella época no había acceso fácil a imágenes de lugares remotos. En *La isla del tesoro*, Stevenson abunda en detalles que dan gran fidelidad a las escenas marineras porque era la manera de que nos pudiéramos llegar a representar esos escenarios en nuestro pensamiento.

Los libros que nos gustaron a nosotros no tienen por qué agradar a nuestros hijos. Y, del mismo modo, los libros que les gustan a nuestros hijos no tienen por qué ser los que nos encanten a nosotros. Cuanto más pronto lo admitamos, mejor.

7. No ofrecer una selección suficiente

Con la lectura pasa como con la comida, no a todos nos gusta lo mismo. Para mucha gente el queso es un manjar, pero hay quien no puede ni olerlo. La pasta resulta deliciosa para muchas personas y hay gente que casi no prueba el pescado. Somos diferentes y tenemos gustos diferentes. Y estos van cambiando con el paso del tiempo y con la experiencia que vamos adquiriendo. Y así, poco a poco, vamos ampliando nuestra cultura gastronómica.

Con la lectura pasa algo similar, por eso es indispensable contar con una pequeña biblioteca, personal o colectiva. Veinte libros son mejor que uno, y cien mejor que veinte, porque pueden despertar curiosidades distintas y satisfacer o estimular intereses diferentes. Pensar que no les gusta leer porque no les ha gustado un libro que les hemos regalado es como afirmar que no les gusta comer porque no les agradan las lentejas. Cada niño es un mundo y los hay que disfrutan con los cuentos, algunos con los cómics y otros con libros de conocimiento. Todo esto es lectura. Y cuanta más oferta lectora pongamos a su disposición, más probabilidades hay de que encuentren aquello que les gusta.

8. Menospreciar sus gustos y no respetar su criterio

«¿Cómo te puede gustar eso que estás leyendo?» Es posible que nos reconozcamos haciendo esta pregunta a nuestros

«Los libros que nos
gustaron a nosotros no
tienen por qué agradar
a nuestros hijos. Y, del
mismo modo, los libros
que les gustan a nuestros
hijos no tienen por qué
ser los que nos encanten a
nosotros.»

hijos cuando vemos que están leyendo un libro que para nosotros no tiene ningún interés. La construcción del gusto lector es un proceso lento y largo, y no todos los lectores recorren el mismo camino. La saga de *Harry Potter* ha vendido en sus veinte años de vida más de cuatrocientos cincuenta millones de ejemplares y ha sido un estímulo lector para una gran cantidad de jóvenes, pero podemos estar seguros de que otros muchos jóvenes siguieron su itinerario lector al margen de estos libros.

Federico Moccia se ha convertido en uno de los autores más vendidos entre la gente joven. Es muy posible que sus novelas románticas nos parezcan simples, pero debemos tener claro que tienen que gustarles a ellos, no a nosotros. Y que, como decíamos en el punto anterior, el gusto literario, como el gastronómico, se educa poco a poco. El itinerario lector puede ser tan variopinto como lectores existan. Lo importante es leer.

9. Considerar el cómic un subproducto de la literatura

Durante mucho tiempo los cómics han sido considerados lecturas menores, y sus lectores, lectores de segunda. Afortunadamente, esto está comenzando a cambiar, pero todavía hay mucha gente que considera que la lectura de cómics es una cosa secundaria y que es una pérdida de tiempo. ¿Qué profesor se anima a prescribir un cómic como propuesta de lectura durante el curso? La realidad es que los cómics todavía tienen poca presencia en las bibliotecas escolares.

Tintín, Astérix y Obélix o Mortadelo y Filemón han sido importantes compañeros en mi viaje literario. Todavía conservo algunos de los álbumes de la editorial Juventud, de Grijalbo o de Bruguera y de vez en cuando saco alguno y lo releo. No solo no creo que no perdiera el tiempo leyendo las aventuras fabulosas de estos personajes, sino que estoy convencido de que sin ellos me habría resultado mucho más difícil aficionarme a la lectura.

La realidad es que entre quienes se dedican a la literatura infantil y juvenil se suele compartir la idea de que el cómic puede ser una herramienta fantástica para despertar el amor por la lectura en los niños y los jóvenes lectores, que pueden inicialmente no sentirse atraídos por otros formatos.

10. Obligarlos a leer

«El verbo leer, como el verbo amar y el verbo soñar, no soporta el modo imperativo», afirma Daniel Pennac en *Como una novela*, uno de sus libros más leídos. Cuántas veces hemos oído la frase «Estás castigado, escoge un libro y lee». No sé si de esta manera conseguiremos que lea en ese momento, pero estoy convencido de que al actuar así difícilmente conseguiremos que aprecie la lectura. En algunos momentos deberemos obligar a nuestros hijos a dedicar tiempo al estudio, y eso requerirá que lean, que hagan resúmenes, que consulten otros textos y que desarrollen una gran cantidad de técnicas de aprendizaje. Pero la lectura por placer no puede ser nunca el resultado de una obligación. Para ello deberemos desarrollar otras estrategias que permitan que el niño o la niña puedan descubrir el maravilloso mundo que se esconde en el interior de los libros.

Como dice Gianni Rodari: «Una técnica se puede aprender con pescozones: así la técnica de la lectura. Pero el amor por la lectura no es una técnica, es algo bastante más interior y ligado a la vida, y con pescozones (reales o metafóricos) no se aprende».

11. Obligarlos a acabarse el libro que han comenzado

Podríamos decir que es una variante del punto anterior: «¿Has comenzado un libro?, pues te lo acabas».

Es cierto que la lectura requiere esfuerzo y dedicación y que muchas veces necesitamos avanzar en el relato para que este nos enganche, pero no todos los libros gustan a todas las personas. «La lectura debe ser una de las formas de la felicidad y no se puede obligar a nadie a ser feliz», decía Jorge Luis Borges.

¿De verdad pensamos que a las personas que nos gusta leer nos gustan los mismos libros? ¿Es Kafka un escritor del gusto de todos? ¿Y Doris Lessing? ¿Y Murakami? Evidentemente, no. El gusto lector se va configurando poco a poco y, entre otros factores, es nuestra experiencia lectora la que nos hace elegir unas obras u otras. A los niños les pasa exactamente lo mismo. Están comenzando a conocer un mundo fascinante y hay que dejarlos que sean ellos los que lo vayan descubriendo. Y eso implicará que en algún momento dejarán de leer un libro porque no les interesa o que no tendrán ganas de leer ese libro que para nosotros fue tan fantástico. Y también pasará que descubrirán un libro que los enganchará y querrán leer todos los de la serie. Recordemos: leer no se conjuga en modo imperativo.

12. Pedirles que hagan un resumen de lo que han leído

Es una práctica corriente en las escuelas e institutos que los alumnos tengan que leer a lo largo del año unos cuantos libros de manera obligatoria. A continuación, las actividades más frecuentes sobre estas lecturas son las de pedir a los alumnos que completen una ficha sobre el texto leído, que contesten unas cuestiones para saber si lo han entendido bien o, directamente, que hagan un trabajo más o menos extenso en casa sobre el libro.

Con este tipo de prácticas estamos consiguiendo, más o menos, controlar la lectura de los estudiantes y ver si han entendido el texto, pero difícilmente conseguiremos que esto los ayude a motivarse por la lectura. No estamos cuestionando de ninguna manera la tarea que realizan los docentes, pero sí que es importante que quede claro que la afición por la lectura se despierta de otras maneras.

13. Exigirles que busquen en el diccionario las palabras que no entiendan

Las lecturas deben ser estimulantes, e incluso es bueno que el texto plantee algún reto de comprensión: cuando estamos leyendo, nos encontramos con palabras que no utilizamos normalmente e incluso con algunas cuyo significado no entendemos, pero casi siempre somos capaces de asignarles el significado por el contexto en el que aparecen. Vamos siguiendo la lectura y, cuando aparece alguna palabra que no conocemos, nuestro cerebro intenta darle un significado que sea coherente con lo que estamos leyendo. Y generalmente acierta.

El recurso al diccionario debe ser extraordinario. Es mucho mejor que, si en algún momento no entienden algo, tengan la confianza de preguntárnoslo a nosotros. Recurrir al diccionario interrumpe la lectura y desmotiva al lector. Si un libro tiene muchas palabras que un niño no entiende, seguramente es que no es el idóneo para él.

14. Repetir continuamente que los libros son muy caros

La realidad es que el precio de los libros es muy variado. Podemos encontrar libros por menos de diez euros y otros que sobrepasan los treinta. Es posible que haya libros caros, pero ¿lo son la mayoría?

Creo que esta afirmación, que los libros son caros, forma parte de los tópicos que se repiten continuamente y que, en la mayoría de los casos, no son ciertos.

De la oferta cultural de pago, el libro es, sin duda, la más barata. Una entrada a un concierto o a un espectáculo musical puede costar fácilmente veinte o treinta euros y solo puede disfrutar del espectáculo el que compra la entrada y durante el tiempo que dura la actuación. Y lo mismo pasa cuando entramos en un museo o vamos al cine o al teatro.

Un libro nos aporta horas y horas de lectura y, cuando acabamos de leerlo, el libro está ahí, esperando a un nuevo lector que se sienta atraído por la historia que cuenta. Un libro puede tener un segundo, y un tercer y un cuarto uso. Un libro puede tener mil vidas y podemos hacer que pase a formar parte de nuestra biblioteca o regalarlo para que alguien continúe disfrutando de su lectura.

Los libros no son caros. Y, si nos parece que lo son, eso no debería ser obstáculo para leer. Pensemos que también tenemos el recurso de las bibliotecas públicas, un espacio con miles de libros a nuestra disposición y de acceso gratuito.

2.
Ya sabemos lo que no funciona. ¿Y ahora qué?

Sabemos que la lectura es muy importante para el desarrollo de la persona. La competencia lectora está íntimamente ligada al éxito académico y al desarrollo de una vida profesional plena y, por si fuera poco, la lectura es una de las actividades culturales más enriquecedoras que podemos realizar.

Pero también sabemos que leer es una actividad que requiere esfuerzo y que no todo el mundo adquiere el gusto por la lectura y lo integra entre sus hábitos culturales. Ya hemos visto que el Barómetro de Hábitos de Lectura y Compra de Libros en España indica que para casi el 90 % de la población la lectura contribuye a tener una actitud más abierta y tolerante, que es una actividad emocionante y estimulante y que nos ayuda a comprender el mundo que nos rodea, y que solamente hay un 21 % que considera que para tener cultura no hace falta leer libros.

Pero ese mismo estudio nos dice que la valoración que hacemos de la lectura y la práctica de leer no van directamente unidas. Los lectores frecuentes de libros en España son el 55 % de la población mayor de catorce años, un porcentaje que aumenta hasta el 67 % si consideramos el lector ocasional. Es importante resaltar que, por lo que respecta a la lectura de libros, las mujeres leen más que los hombres, hasta siete puntos porcentuales más.

También resulta interesante ver la actitud de las familias en relación con la lectura de los niños. En tres de cada cuatro hogares con niños menores de seis años es habitual que los padres lean a los niños, aunque solo el 40 % de las familias afirma que busca información sobre las lecturas convenientes para sus hijos pequeños.

Entre los seis y los nueve años la tendencia continúa por lo que respecta a la búsqueda de información sobre los libros que deben leer, y sigue habiendo un 41 % de familias que sí que lo hacen por casi un 60 % que no.

En este tramo de edad, entre los seis y los nueve años, hay un dato interesante y muy positivo: el 85,2 % de los niños de seis a nueve años leen libros que no son de texto. Si comparamos esta cifra con la de los adultos que son lectores habituales de libros, podemos ver que los niños leen bastante más. Y creo que todos tenemos claro que aquí desempeña un papel muy importante la institución educativa.

Una de las principales funciones de la escuela es enseñar a leer a los niños. La lectura es la piedra angular para la adquisición del conocimiento. Sin competencia lectora es imposible el progreso académico. Sobre el sistema educativo recae la responsabilidad de crear las estrategias de enseñanza que garanticen la competencia lectora de los jóvenes.

«Es importante destacar el gran trabajo que realizan los docentes como mediadores y prescriptores de la lectura.»

Es importante destacar el gran trabajo que realizan los docentes como mediadores y prescriptores de la lectura. En muchas escuelas se llevan a cabo una gran cantidad de actividades de fomento lector, la biblioteca de aula es una realidad en la mayoría de los centros y es frecuente ver en los colegios a autores que conversan con los alumnos sobre el libro que han escrito. Cada vez son más los centros en los que el fomento de la lectura se ha convertido en el elemento fundamental del proyecto de centro. El papel que desempeñan los docentes es enorme y debemos estarles muy agradecidos.

La escuela es importante, pero ya sabemos que no podemos dejar exclusivamente en manos de la institución educativa la tarea de la educación. Como decíamos al principio del libro, la situación que vivimos como consecuencia de la pandemia provocada por la covid ha alterado de manera significativa la actividad de las escuelas y ha puesto en primer plano la necesidad de que las familias, y también la sociedad, adquieran un papel protagonista en la educación de los niños.

¿Qué podemos hacer para educar en la lectura a nuestros hijos y para conseguir que les guste leer y aprecien los libros? Hemos visto que no existen recetas milagrosas para conseguir crear buenos y felices lectores, pero sí que sabemos que hay determinadas estrategias que favorecen la lectura en los más pequeños, y que las tenemos a nuestro alcance. Y, por encima de todas ellas, hay una cosa que funciona casi siempre: que seamos nosotros los primeros que apreciemos los libros y la lectura y que los libros ocupen un espacio, físico y emocional, en nuestra casa.

Y esto, ¿cómo se hace?, podemos preguntarnos. Dedicaremos esta parte del libro a comentar algunas de las cosas que podemos hacer y que sabemos que tienen más éxito.

«Hay una cosa que funciona casi siempre: que seamos nosotros los primeros que apreciemos los libros y la lectura y que los libros ocupen un espacio, físico y emocional, en nuestra casa.»

1. Lee cuentos a tus hijos

«Cuando nos dedicamos a leer en voz alta a los niños, establecemos un vínculo muy estrecho con ellos en una sociedad secreta relacionada con los libros que hemos compartido. El fuego de la alfabetización está creado por los destellos emocionales que vuelan cuando un niño, un libro y el adulto que lee entran en contacto. No se consigue con el libro solo, ni con el niño solo, ni tampoco con el adulto solo, sino mediante la relación que se establece entre los tres y que los une en una suave armonía.»

MEM FOX, *Leer como por arte de magia*

Esto no es conveniente. Es imprescindible. Hay quien afirma que es la mejor garantía para tener hijos lectores. Sea esto cierto o no, la verdad es que la práctica de dedicar un tiempo a leer cuentos a los más pequeños tiene una serie de beneficios que van más allá de entretenerlos y despertar de manera inicial el gusto por la lectura:

Se refuerzan los vínculos afectivos. Escuchar cuentos de las personas de referencia (madre, padre, abuelos…) establece vínculos muy especiales de afecto y seguridad. Incluso un bebé de muy pocas semanas disfruta al escuchar a su madre o a su padre cuando hablan y comienza a orientarse en función de donde proviene el sonido.

Fomenta y mejora el lenguaje. Los cuentos también fomentan la intención comunicativa, el lenguaje y la comunicación gestual en los más pequeños. Al contarles cuentos, introducimos palabras nuevas que van siendo incorporadas al vocabulario de los niños.

Despierta la curiosidad. Los primeros años de la vida de un niño son fundamentales para su desarrollo posterior. La lectura de cuentos les abre un mundo de experiencias nuevas para ellos.

Fortalece la memoria. Cuántas veces nos ha pasado que estamos contando un cuento a nuestros hijos, cambiamos una palabra y enseguida nos dicen que así no, que no es así como lo hemos contado siempre. La lectura de cuentos promueve el desarrollo de la memoria y la capacidad de comprensión del mundo que los rodea.

Ayuda a relajarse. Es importante que no tengamos prisa en acabar el cuento. Si no tenemos tiempo, es mejor no contarlo que contarlo deprisa y mal. Y, si vemos que se quedan dormidos a mitad del cuento, podemos pensar que están soñando con esa historia fantástica que les estábamos contando.

Cuándo debemos comenzar a contarles cuentos

La respuesta es clara: cuanto antes mejor. Algunos padres consideran que debe hacerse cuando el niño tiene uno o dos años y comienza a prestar más atención a lo que decimos, pero la mayoría de los expertos recomiendan hacerlo lo antes posible. De hecho, la Academia Americana de Pediatría recomienda comenzar a leer a los niños desde que tienen días o semanas.

El momento del cuento

Leer cuentos a los niños es una actividad agradable y relajante y cualquier momento del día puede ser bueno si somos capaces de crear ese clima de tranquilidad y empatía necesarios para que el niño, y nosotros también, disfrute con la lectura. Es cierto que hay muchos padres que aprovechan el momento antes de ir a dormir, cuando sus hijos ya están en la cama, para contarles un cuento. En este sentido, hacerlo antes de que se duerma puede ser una buena idea, pero también puede estar bien hacerlo después de comer o a la hora del baño.

Con qué frecuencia debemos contarles cuentos

Es otra pregunta que podemos hacernos: ¿todos los días?, ¿una vez a la semana? Mirad lo que hacía el señor Bianchi:

«Érase una vez... el señor Bianchi, de Varese. Su profesión de viajante de comercio le obligaba a viajar durante seis días a la semana, recorriendo toda Italia, al este, al oeste, al norte, al sur y al centro, para vender productos medicinales. El domingo regresaba a su casa y el lunes por la mañana volvía a partir. Pero, antes de marcharse, su hija le recordaba:

—Ya sabes, papá: un cuento cada noche.

Y así, cada noche, estuviera donde estuviese, el señor Bianchi telefoneaba a Varese a las nueve en punto y le contaba un cuento a su hija».

GIANNI RODARI, *Cuentos por teléfono*

Si hacemos como el señor Bianchi y dedicamos un tiempo de cada día para leer cuentos a nuestros hijos, veremos cuán rápido se habitúan a ello y cómo lo valoran. Y no tenemos por qué leerles cuentos muy largos. El señor Bianchi, cuando llamaba por las noches a casa, contaba cuentos muy breves. Y Rodari nos aclara que era así porque las llamadas resultaban muy caras. Eso sí, algún día en que las ventas habían ido muy bien, el señor Bianchi se permitía contar a su hija un relato algo más largo de lo habitual. Nosotros podemos hacer lo mismo.

2. Lee, y que tus hijos vean que dedicas tiempo a la lectura

Primero miran y observan, después aprenden y por último imitan. Los niños son como esponjas y los adultos, en especial sus padres, son los espejos en los que ellos se miran para copiar sus acciones. O, dicho de otra manera, los niños acaban haciendo lo que sus padres hacen y no lo que sus padres dicen.

Existe una base científica que explica por qué el niño aprende a través de las acciones que ve en los adultos de referencia. Se trata de la teoría de las neuronas espejo, las cuales se activan desde el nacimiento del niño y permiten a los bebés imitar los movimientos de los adultos e ir aprendiendo de ellos.

Las neuronas espejo o neuronas especulares son las células nerviosas de nuestro cerebro encargadas de imitar las acciones que inconscientemente llaman nuestra atención. Estas neuronas nos permiten sentir empatía e imitar a los demás, así como sentir y saber si alguien nos está mintiendo o engañando.

Este aprendizaje inconsciente de cómo actúan los padres es especialmente importante en los primeros años de la vida y funciona de manera significativa hasta la entrada en la adolescencia.

Educar en la lectura requiere que nosotros dediquemos tiempo a leer y que disfrutemos realmente de la lectura. Los niños son pequeños, pero no son tontos y se dan cuenta enseguida de cuando estamos convencidos de lo que hacemos y de cuando estamos disimulando. En este sentido, es interesante que tengamos en cuenta algunas consideraciones:

- La lectura no debe ser la solución cuando no hay nada interesante en la televisión o no estamos viendo nada en internet. Si nuestros hijos perciben que la lectura es un sustituto del aburrimiento, vamos mal.
- Leer requiere concentración y dedicación. No es posible hacer una paella en diez minutos y tampoco lo es introducirse en la trama de un libro leyendo una sola página cada vez.
- Cuando estés leyendo tú, no obligues a tu hijo a que lo haga. Recuerda que todo lo que suene a imposición u obligación va en la dirección opuesta al objetivo que perseguimos. Tú lees porque te gusta. Deja que él decida.
- Disfruta de la lectura. Si no nos creemos la pasión por leer, va a resultar muy difícil que podamos transmitirla a nuestros hijos.
- Comenta de vez en cuando algo interesante de lo que estás leyendo. Si transmitimos ilusión, ilusionaremos.

3. Ten libros en casa y haz crecer la biblioteca familiar

Es importante que los libros tengan una presencia física en nuestras casas. En un apartado del informe PISA se relaciona la puntuación media del alumnado en lectura con la cantidad de libros que hay en sus hogares. Los datos dicen que en las familias donde hay menos de diez libros en casa la puntuación media de los alumnos es de 406 puntos y en las que hay entre once y veinticinco libros, 447. En las casas donde hay entre veintiséis y cien libros la nota media sube a 486 y en las que hay más de cien libros llega hasta 516.

Støle y Schwippert, en un estudio realizado en 2017, refuerzan esta idea al afirmar que «la tenencia de libros por parte de los padres ha sido un indicador estable del éxito escolar de los niños durante décadas. La cantidad de libros que tienen los padres tiene una relación lineal y positiva con la comprensión lectora de sus hijos».

Estos datos nos indican la importancia que tiene el papel de las familias en el desarrollo de la capacidad lectora de sus hijos y en cómo de importante es que intentemos fomentar la lectura en ellos.

Una biblioteca puede ser grande o pequeña, pero tiene que estar viva. Nuestra biblioteca tiene que ir renovándose, actualizándose y adaptándose a nuestros gustos e intereses y a los de nuestros hijos. Deberíamos ir formando, desde los primeros años, la biblioteca personal del niño o de la niña:

un lugar de fácil acceso donde, además de los libros que vayamos comprando, podemos ir guardando los cuentos que puedan hacer ellos en clase.

Qué libros podemos tener

Elegir los libros para nuestros hijos puede parecer una tarea complicada. En la actualidad la oferta es amplísima, afortunadamente, y es normal que no conozcamos las últimas novedades ni cuáles son los libros más leídos. Por suerte, tenemos una solución fácil: acudir a nuestra biblioteca o a nuestra librería y dejarnos aconsejar. Los libreros y los bibliotecarios son personas que saben cuáles son los gustos de los niños y que están al día de las novedades editoriales. Por otro lado, son muchas las instituciones que elaboran guías de libros recomendados por edades. La que os presentamos a continuación está realizada a partir de las elaboradas por el Departamento de Educación de la Generalitat de Cataluña y por la Fundación Bofill.

Hasta los tres años

• A partir de los seis meses debemos escoger libros que expliquen historias por medio de imágenes grandes y con poco detalle para que puedan reconocerlas con facilidad. Cuando sean un poco más mayores podemos comprar libros que tengan protagonistas o temas con los que los niños se puedan identificar fácilmente: niños de su edad, animales...

«Acudir a nuestra biblioteca
o a nuestra librería y dejarnos
aconsejar. Los libreros y los
bibliotecarios son personas
que saben cuáles son los
gustos de los niños y que
están al día de las novedades
editoriales.»

- Es importante que sean libros cortos y es conveniente que estén hechos de material suave y que sean manipulables y resistentes.

De los tres a los cinco años

- Para estas edades son convenientes los libros que cuentan historias sencillas y en los que el peso de la ilustración sea importante. Pensemos que todavía no saben leer y que es a través de las imágenes y de lo que nosotros contemos como van a ir descubriendo la aventura. Les gustan mucho las situaciones repetitivas o que se encadenan varias veces siguiendo el mismo esquema porque los ayudan a fijar y a entender mejor el relato. Muchos cuentos populares tienen esta estructura.
- A esta edad también les resultan atractivas las historias imaginativas y mágicas en las que objetos inanimados (piedras, juguetes, árboles) pueden comunicarse y moverse.
- Es importante que los libros sean de materiales resistentes: de cartón para ayudarlos a pasar las páginas, con las tapas duras para que no se rompan e incluso de material plástico para poder jugar con ellos en la bañera.

De los seis a los ocho años

- Es la edad en la que aprenden a leer y a escribir y para ellos es un descubrimiento fabuloso. Les encanta leer cualquier cosa y descubrir lo que pone. Comienzan a tener cierta fluidez en la lectura y son capaces de enfrentarse a textos sencillos, con abundancia de diálogos y repeticiones y frases cortas.

• Son convenientes los relatos de historias cotidianas y también las leyendas y las fábulas en las que aparecen personajes mágicos y fantásticos.

• Han de ser libros cortos, con la letra grande y con un soporte visual importante para ayudarlos a que comprendan la historia.

• Buscaremos libros que tengan elementos repetitivos, cuentos tradicionales, historias en las que el humor esté presente, poesías con rimas sencillas y narraciones lineales con un vocabulario asequible.

• También es el momento de introducir temas como la conservación del medioambiente, la igualdad de las personas o el respeto a los que no son como nosotros, por ejemplo.

Entre los nueve y los diez años

• A esta edad comienza a haber mucha diferencia en el ritmo evolutivo de cada niño y su nivel lector también puede ser muy diverso. Así pues, podemos encontrarnos con niños y niñas que todavía disfruten con historias sencillas y con otros que empiecen a pedir libros con estructuras más complejas.

• Ya podemos comenzar a introducir libros organizados en capítulos. A estas edades les gustan las historias de acción (misterio, aventuras, cómics…) en las que los protagonistas tengan personalidades más complejas y que se enfrenten a problemas propios de su edad.

• También les atraen mucho los libros en los que los protagonistas son grupos de niños y niñas de su edad.

• Es un buen momento para introducir libros de no ficción sobre animales, deportes, inventos, curiosidades, ciencia, experimentos… Si acertamos con el tema que les interesa, comprobaremos que nos pedirán un libro tras otro.

• También es importante recordar que comienzan a ser capaces de interpretar juicios de valor, como la justicia y la injusticia o la verdad y la mentira.

Entre los diez y los doce años

• Es una edad de plena expansión física y emocional. Están comenzando a entrar en un período de grandes cambios personales y eso se va a ver reflejado en su deseo de afirmarse, en su equilibrio y en su seguridad.

• Si bien no existe una ruptura respecto de la etapa anterior, sí que es cierto que se amplía la capacidad de estima hacia los otros, con un compromiso más íntimo de amistad y afecto. El grupo de amigos se convierte en imprescindible para ellos.

• A esta edad les gustan las lecturas en las que aparecen acciones de gran dinamismo, con protagonistas activos y que sean capaces de resolver satisfactoriamente situaciones conflictivas.

• Se interesan por temas diversos y disfrutan con todo tipo de historias, desde relatos de ciencia ficción a aquellos que tengan relación con la realidad más próxima. Las biografías y los libros informativos también suelen resultar de su interés, así como los que abordan cuestiones sexuales.

• Es un buen momento para comenzar a introducir los clásicos de la literatura infantil y juvenil.

A partir de los trece años

• Son capaces de leer todo tipo de géneros. Hemos de intentar establecer con ellos un diálogo abierto y franco y no despreciar en ningún momento su elección. Y debemos tener muy presente que a partir de ahora casi siempre contará más la opinión de los amigos que la de los padres.

• A esta edad la diversidad de gustos y de nivel de lectura es enorme. Podemos encontrarnos con adolescentes devoradores de libros que son capaces de leer una novela de cuatrocientas páginas en un fin de semana, con muchos que prefieren los cómics y con otros que se interesan por libros de no ficción que abordan temas de ciencia, ecología o sexo.

4. Acude con frecuencia a las librerías con tus hijos y compra libros con ellos

> «Un pueblo sin librería no es un pueblo,
> es una urbanización.»
>
> PACO CAMARASA, librero

Una librería no es un sitio donde solo venden libros, porque una librería propiamente dicha no es un establecimiento comercial cualquiera. Una librería es, ante todo, un espacio de cultura. Las librerías no se conforman con ser meramente tiendas en las que se venden libros, sino que pretenden convertirse, y muchas ya lo son, en referentes de la vida cultural del barrio. Son un lugar donde se aconseja a los lectores, se organizan presentaciones de libros, se desarrolla la vida de clubs de lectura o se organizan actividades de cuentacuentos para los más pequeños. Y, por encima de todo, las librerías son ese sitio donde viven mil y una historias fantásticas a la espera de que un lector se aproxime, mire la cubierta, agarre el libro y lea la contraportada, lo abra y se fije en la letra y en el papel. Y así, casi sin darse cuenta, el lector acabe estableciendo un pacto con el libro y lo haga suyo.

Ir con los más pequeños a la librería debería ser una práctica habitual en nuestra vida. Algunas veces lo haremos para comprar ese libro concreto que nos han recomendado o para buscar el que queremos regalar a algún amigo, pero lo verdaderamente fantástico de una librería es cuando entras para conocer algo nuevo y miras los libros con los ojos del viajero que quiere descubrir un tesoro oculto.

Es importante que los niños tengan un cierto nivel de libertad para elegir sus lecturas. Evidentemente, somos nosotros los que hemos de guiarlos y aconsejarlos, pero también está bien que sean ellos los que nos digan qué libros les han despertado su interés. Y no pasa nada si en algún momento se equivocan y eligen un libro que después no les ha agradado tanto como creían. Tenemos que pensar que están construyendo su propio gusto personal y que es totalmente normal que, en alguna ocasión, a medida que vayamos leyendo, perdamos el interés en un libro que nos parecía que nos iba a resultar muy interesante.

«Las librerías son ese sitio donde viven mil y una historias fantásticas a la espera de que un lector se aproxime, mire la cubierta, agarre el libro y lea la contraportada, lo abra y se fije en la letra y en el papel. Y así, casi sin darse cuenta, el lector acabe estableciendo un pacto con el libro y lo haga suyo.»

5. Regala libros a tus hijos, a los hijos de tus amigos y a tus amigos

«Qué quiero para mi hijo, me pregunto a veces si estoy trascendente. Que crezca al aire libre. Que se rompa el brazo de vez en cuando por estar haciendo funambulismos estúpidos [...]. Y que lea para que sueñe un día ser pirata y al otro mosquetero sin sentirse ridículo; sin sentir, quiero decir, que no vale la pena intentarlo.»

MANUEL JABOIS

Al regalar libros no estamos diciéndole a la otra persona que no sabíamos qué regalar y hemos ido a lo fácil, sino todo lo contrario. Lo que decimos es: «Te conozco y sé que esto te gustará» (incluso si la otra persona aún no lo sabe). Elegir un libro requiere empatía, ponerse en la piel del otro y saber qué historia le vendrá mejor, qué tema le interesará más, qué experiencia desearía vivir o qué conocimientos le aportarán más en ese momento de su vida.

Además, al elegir el libro también decimos mucho de nosotros mismos y de cómo vemos al otro. Cuando regalamos un libro estamos diciéndole a la persona que lo recibe: «Yo he disfrutado con este libro», «En este libro encontrarás valores que para mí son importantes».

Al regalarles libros a los niños les estamos regalando historias, la oportunidad de ser muchos personajes y de vivir aventuras de forma simbólica. Y no olvidemos que al regalar libros (a nuestros hijos y a sus amigos) les estamos dando valor a ojos de los niños, que los ven como un objeto importante.

«Cuando regalamos un libro estamos diciéndole a la persona que lo recibe: "Yo he disfrutado con este libro", "En este libro encontrarás valores que para mí son importantes".»

6. Acude con frecuencia a la biblioteca de tu barrio o de tu pueblo

Las bibliotecas públicas son esos lugares donde hay libros que podemos leer y llevarnos a casa... Y muchas más cosas. Las bibliotecas actuales son centros dinamizadores de la lectura que desarrollan a lo largo del año innumerables actividades para atraer a personas de todas las edades al maravilloso territorio de los libros y la lectura. Y cada vez son más las bibliotecas que prestan una especial atención en diseñar acciones dirigidas a los más pequeños.

La Unesco especifica entre las misiones de la biblioteca las de «crear y consolidar los hábitos de lectura en los niños desde los primeros años, brindar posibilidades para el desarrollo personal creativo y estimular la imaginación y la creatividad de niños y jóvenes».

La Fundación Germán Sánchez Ruipérez, una institución que desde su creación en 1981 y hasta la fecha se ha dedicado a la difusión y la extensión de la cultura del libro y de la lectura, establecía en un estudio de hace unos años una tipología de cómo eran los jóvenes usuarios de su biblioteca. Resulta muy interesante conocerla porque, en realidad, nos está indicando la extraordinaria versatilidad que deben tener las bibliotecas para adaptarse a los intereses de los jóvenes lectores, así como el papel que desarrollan en la creación y la consolidación del hábito lector.

¿Qué tipo de joven lector acudía a la biblioteca de la Fundación?

Los buscadores de novedades
- Son aquellos que van a la biblioteca en busca de las obras recién llegadas.

Los especialistas
- Tienen un gusto muy definido en relación con los temas y los géneros que les interesan. Son capaces de agotar lo que tiene la biblioteca sobre ello, por lo que hay que atender sus peticiones de compra y reservarles las novedades de su tema preferido.

Los ojeadores
- Pasan un buen rato buscando en las estanterías hojeando libros hasta que algo los enganche a la lectura: una portada, una ilustración...
- La biblioteca puede destacar algunas obras de gran atractivo pensando en ellos.

Los que necesitan compartir
- Les gusta estar con otros niños leyendo y comentando las lecturas.
- Los clubs de lectura son un buen recurso para ellos.

Los estudiosos

- Necesitan un espacio para hacer los deberes, con documentos informativos y bibliotecarios que los ayuden en sus tareas escolares.

Los que buscan relaciones sociales

- Son los niños que van a la biblioteca en vacaciones o en momentos especiales, como puede ser el Día del Libro.
- En algunos casos colaboran con los bibliotecarios y encuentran en la biblioteca un lugar donde verse, celebrar fiestas...

Los del fin de semana

- Solo tienen tiempo el fin de semana para acudir a la biblioteca y hacer uso tranquilamente de los ordenadores, de la música de la biblioteca o para leer su revista favorita. Es habitual que vayan acompañados de sus padres.

Los iletrados

- Los menores, que tienen entre seis meses y tres años. Acuden con sus padres para participar en actividades apropiadas para ellos: cuentos narrados, libros ilustrados...

Los zampalecturas

Son grandes lectores y recurren de manera constante a la sección de préstamo bibliotecario.

Los cibernéticos
- Aquellos que aprovechan que la biblioteca tiene internet y que pueden hacer uso del correo electrónico. Además, los ordenadores les permiten experimentar con ideas y propuestas creativas.

Como vemos, una variedad extraordinaria de maneras de aproximarse a la lectura. Y todas ellas enriquecedoras. Acercarnos con regularidad a la biblioteca es una experiencia que nos ayudará, a nuestros hijos y también a nosotros, a compartir emociones, tranquilidad, descubrimientos, aventuras…

El proceso de acostumbrase a ir a la biblioteca y disfrutar en ella requiere, como casi todo en la vida, de un proceso de adaptación:

- Apuntad a vuestro hijo a la biblioteca y dadle importancia al hecho de que tenga su carnet de lector. Muy posiblemente este sea el primer carnet que tenga. Son muchas las bibliotecas que dan a este simple hecho un significado especial para que el niño le dé valor.
- No empecéis yendo mucho rato seguido a la biblioteca. Al principio iremos poco tiempo (diez o quince minutos) y, poco a poco, y en la medida en que veamos a nuestros hijos a gusto, lo iremos aumentando.
- Debemos ser persistentes, pero recordemos el capítulo que hablaba de cómo conseguir que odien la lectura. Ir a la biblioteca debe ser una experiencia gratificante. Antes

que hacerles ir a la fuerza, es mejor que no vayan y esperar un mejor momento.

- Las bibliotecas son un espacio fantástico para el descubrimiento. Acompañad a vuestros hijos y que dediquen tiempo a elegir el libro que quieren leer. Y recordemos que, si el que han elegido no les gusta, no pasa nada. Acabarán encontrando otro que los satisfaga.

- Seguro que en la biblioteca realizan muchas actividades de fomento lector: cuentacuentos, presentaciones de libros, clubs de lectura… Procurad estar informados de lo que hacen y animad a vuestros hijos a participar.

- Aprovechad la visita a la biblioteca para asesoraros sobre lecturas interesantes para vuestros hijos.

7. Anima a tus hijos a que lean en voz alta en casa, y hazlo tú también

Ya hemos comentado la importancia de contarles cuentos, especialmente en los primeros años de vida. Otra actividad que también es muy interesante es animar a nuestros hijos a que sean ellos los que nos lean a nosotros en voz alta. Para ello deberemos seguir unas pocas normas:

- La primera y fundamental es que tenemos que estar muy atentos cuando estén leyendo en voz alta. Si mientras lo están haciendo estamos con el móvil o perciben que estamos distraídos, conseguiremos que pierdan el interés por seguir leyendo. Deben sentir que para nosotros es importante lo que están haciendo.
- No hay un tiempo marcado para esta actividad, pero sabemos que los hábitos requieren de tiempo y persistencia. Dedicar quince minutos al día a la lectura en voz alta no es mucho rato y ayudará a consolidar el hábito.
- No los interrumpamos constantemente porque han leído mal una palabra o porque no han entonado bien una frase. Si estamos continuamente corrigiéndoles, lo más seguro es que identifiquen la actividad como una obligación y pierdan interés. De ninguna manera deben sentirlo como una tarea impuesta. Es mucho mejor decirles: «Perdona, no he entendido bien lo que has dicho, ¿puedes repetirlo?», que no: «Te has equivocado. No pone eso».

- Valoremos sinceramente lo que están haciendo. En algún momento deberemos hacerles alguna observación cuando veamos que están leyendo algo que no están entendiendo o hay alguna palabra que siempre leen mal, pero tengamos claro que lo que realmente los ayudará a adquirir el gusto por la lectura en voz alta es que reforcemos positivamente lo que hacen y no que estemos continuamente corrigiéndoles.

- Leámosles también nosotros. Recordemos que están en una época en que el aprendizaje por imitación es muy importante. Podemos comenzar a leer el principio de un cuento o de una novela y, si vemos que les está interesando, animarlos a que la continúen leyendo ellos.

8. Los libros viven fuera de sus páginas: lleva a tus hijos al teatro, a espectáculos de cuentacuentos…

Si estáis acostumbrados a ir con vuestros hijos al teatro, a escuchar a un cuentacuentos o habéis ido a una representación de títeres, habréis podido comprobar que son actividades que les encantan y que tienen una gran capacidad de atraer la atención de los más pequeños.

En la actualidad existe una oferta muy amplia de este tipo de actividades culturales. Seguro que tenemos algún teatro cerca al que podemos ir y no olvidemos que muchas bibliotecas públicas y también las librerías suelen organizar sesiones de cuentacuentos y de actividades teatralizadas de animación lectora.

Razones para hacerlo hay muchas e importantes:

• *Aprenden valores:* al igual que sucede cuando ven una película o leen un libro, un espectáculo teatral apropiado a su edad es un instrumento muy útil para que aprendan valores. La mayoría de las obras dirigidas al público infantil y juvenil, además de ser divertidas, transmiten principios como la solidaridad, el respeto a los demás, la tolerancia…
• *Se divierten y dejan de lado las nuevas tecnologías:* nuestros hijos, y también nosotros, se han acostumbrado a convivir en un entorno virtual. Una gran parte de nues-

tro entretenimiento nos llega a través de las pantallas del teléfono móvil, de la tableta o de la videoconsola y hasta tal punto se nos ha hecho familiar este nuevo entorno que nos hemos llegado a acostumbrar a que el mundo virtual nos resulte más próximo que el físico. Al llevarlos al teatro o a escuchar a un cuentacuentos no pretendemos competir con esa realidad, porque no se trata de eso, sino de que vean la extraordinaria riqueza que tiene una representación en directo, con personas de carne y hueso que interactúan con los niños, que los hacen subir al escenario para que sean también actores y que juegan y ríen con ellos.

• *Descubren historias fascinantes y aumentan su cultura:* que aprendan mientras se divierten es lo que consigue el teatro. Porque detrás de una obra de teatro o de una representación de títeres hay una historia especialmente pensada para un público que está descubriendo el mundo y que está adquiriendo, sin darse cuenta, elementos fundamentales para formarse como personas.

9. Somos lectores y también podemos ser escritores: los premios literarios

Dejemos clara una cosa: se puede ser un extraordinario lector y no tener el gusto por la escritura. De hecho, la mayoría de los lectores no son escritores, si entendemos escritor como aquella persona que escribe obras literarias. En esto pasa como con la música, que a mucha gente le gusta la música, pero, comparativamente, son muy pocos los que la interpretan y menos todavía los que la componen. Esto es normal. Lo que ya resulta más difícil, por no decir imposible, es encontrar a un escritor, a un buen escritor, habría que matizar, que no sea un buen lector. Los buenos escritores son extraordinarios lectores, entre otras razones porque es a través de la lectura como enriquecemos nuestro vocabulario y aprendemos maneras y técnicas de construir los relatos.

Entonces, ¿por qué planteamos aquí que es interesante motivar en los pequeños el interés por la escritura? Evidentemente, por los beneficios que reporta. Fomentar la escritura creativa tiene muchas ventajas en los niños:

- *Les permite organizar las ideas* y favorece los procesos cognitivos. Cuando escribimos, tenemos que pensar lo que queremos expresar, ordenar nuestras ideas y darles coherencia.
- *Contribuye al desarrollo del lenguaje* y de las competencias comunicativas y de manera paralela fomenta el desarrollo del pensamiento.

- Ayuda a reflexionar sobre lo que estamos escribiendo y de este modo *impulsamos aprendizajes.*
- Y, por último, es una actividad *muy útil para el desarrollo de la imaginación.*

Las escuelas desarrollan una labor muy importante para favorecer la escritura de los niños, pero también podemos hacerlo nosotros en casa. Gianni Rodari, de quien ya hemos hablado anteriormente, tiene un libro precioso, *Gramática de la fantasía,* en el que nos enseña toda una batería de recursos fáciles y divertidos para despertar la imaginación de los pequeños a la hora de construir relatos.

Os apuntamos brevemente algunas de las técnicas que propone para construir relatos:

El prefijo arbitrario
Lo propone como una manera de cambiar el significado de las palabras al deformarlas de una manera fantástica. Por ejemplo, podemos asociar el prefijo «des-» a «perchero» y crear «desperchero». Y un «desperchero» ya no sirve para colgar ropa, sino para «descolgarla sin despecho cuando se la necesita».

Batería de preguntas
Construir un relato contestando a una serie de preguntas que configurarán unos acontecimientos y una historia.

– ¿Quién era?
– ¿Dónde estaba?

- ¿Cuándo pasó?
- ¿Qué hacía?
- ¿Qué dijo?
- ¿Qué dijo la gente?
- ¿Por qué lo hizo?
- ¿Cómo acabó?

El cuento al revés
Consiste en invertir los cuentos tal como se conocen.

- Blancanieves no se encuentra a siete enanitos, sino a siete gigantes. ¿Cómo sigue la historia?
- ¿Qué pasaría si en el cuento de *La Bella y la Bestia* ella fuera la bestia?
- ¿Y si el patito feo no era feo?

Como vemos, consiste en aplicar la técnica de la inversión a un cuento. Y, si lo hacemos bien, podemos ayudar a acabar con algunos estereotipos sexistas.

Qué ocurre después
Una vez terminado el cuento, se pueden inventar muchos finales distintos o bien cambiar el que ya existe y añadir más alternativas o una continuación.

Ensalada de cuentos
Consiste en combinar unos cuentos con otros mezclando personajes, lugares, acontecimientos… Por ejemplo:

– El patito feo se encuentra a Caperucita.

– Blancanieves conoce a Pinocho.

El binomio fantástico

De todas las técnicas que propone Rodari seguramente esta sea la más reconocida. Consiste en asociar dos palabras que en principio no tienen ninguna conexión lógica para crear una historia o un título interesante. Siguiendo el ejemplo que propone Rodari, escojamos las palabras «perro» y «armario». Rodari exploraba diversas posibilidades de conexión hasta que daba con una propicia: «el perro con el armario», «el armario del perro», «el perro sobre el armario», «el perro en el armario»... También podría haber generado conexiones en las que asociara el objeto con el material, como: «el perro de madera» (armario → material → madera), o el animal con alguna cualidad, como: «el armario perezoso» (perro → vago → perezoso).

Finalmente, Rodari se queda con «el perro en el armario» y construye un cuento sobre un hombre al que le aparecen perros por toda la casa y tiene que alimentarlos a todos, los vecinos están cada vez más molestos y al final se arma un buen follón.

Seguro que se nos ocurren muchos binomios fantásticos. Y, cuanto más fantásticos y disparatados, mejor:

– Camello y Polo Norte.

– Plátano y ballena.

– Serpiente y teatro.

– Dientes y pantalones.

«Los *booktubers* se han convertido en auténticos promotores de la lectura y en prescriptores muy valorados entre la gente joven.»

10. Las ferias del libro, el libro es una fiesta

En la entrada de uno de los pabellones de la Feria Internacional del Libro de Guadalajara (México) un gran cartel recibe a los visitantes con un directo «Bienvenidos a la fiesta de los libros». Y es que las ferias del libro que se celebran en muchísimas ciudades y pueblos son realmente eso: fiestas para pasarlo muy bien y donde el elemento central es el libro y el lector. Porque de eso se trata, de acercar los libros a los lectores, de favorecer el encuentro y de hacerlo de manera festiva.

En 1929 el escritor valenciano Vicente Clavel propuso a la Cámara Oficial del Libro de Barcelona y al Gremio de Libreros de Cataluña fijar un día para promover la venta de libros. Se eligió el 7 de octubre de 1929, coincidiendo con la Exposición Universal que tuvo lugar en Barcelona, y tuvo tanto éxito que se decidió cambiar la fecha a partir del año siguiente a otra en que el clima favoreciera que la gente saliera más a la calle. El día escogido fue el 23 de abril, fecha en que fallecieron dos de los más grandes escritores que ha habido: el español, autor de *El Quijote*, Miguel de Cervantes y el inglés William Shakespeare.

La importancia que con el tiempo fue adquiriendo esta fiesta del libro llevó al organismo de las Naciones Unidas que vela por la cultura y la educación, la Unesco, a declarar el 23 de abril como Día Mundial del Libro y de los Derechos de Autor. En la actualidad son más de cien los países que reconocen y celebran el Día del Libro en esta fecha.

Las ferias del libro se han convertido en un fenómeno habitual en muchos pueblos y ciudades, hasta el punto de que es difícil encontrar alguna localidad de tamaño medio que no tenga la suya.

Acudir a la feria del libro de nuestra ciudad debería convertirse en una actividad que realizáramos todos los años, pues es una extraordinaria ocasión que podemos aprovechar para transmitirles a nuestros hijos la estima por la lectura y ayudarlos a descubrir el fabuloso mundo que vive alrededor del libro.

Hagamos del día de visita a la feria una fiesta. Las ferias del libro suelen estar situadas en lugares agradables en los que podemos pasar el día. Por ejemplo, la Feria del Libro de Valencia se celebra en primavera en el principal parque de la ciudad y algo así sucede en casi todas las ferias. Informémonos de las actividades programadas para los más pequeños (cuentacuentos, teatro, espectáculos musicales…) y démonos tiempo para pasear por las casetas y descubrir ese libro, o esos libros, que nos han llamado la atención.

3.
Experiencias
de fomento de la lectura

En esta última parte del libro presentaremos de forma muy breve experiencias de éxito de fomento lector. Son iniciativas muy variadas que van desde la labor de los *booktubers* como prescriptores y mediadores de la lectura entre los jóvenes hasta los premios literarios, pasando por proyectos en los que existe una implicación importante de las Administraciones públicas, como es el caso del programa de «Leer en familia» de Colombia.

Son proyectos muy diversos pero que tienen un objetivo en común: fomentar la lectura y hacerlo incidiendo de manera especial en los más jóvenes.

1. Los jóvenes leen y hablan de libros: el fenómeno *booktuber*

«Hace unas semanas le recomendé la *Fundación*, de Asimov, a mi hijo de trece años y no me hizo ni caso. Ayer vio el vídeo de un *booktuber* que hablaba bien de ese libro y me ha pedido que se lo compre hoy sin falta.» Este comentario nos puede dar una idea de la importancia de un fenómeno que en unos pocos años de vida ha revolucionado una parte importante de la manera en que los jóvenes conocen los libros que después querrán leer, aprenden a valorar determinadas obras y comienzan a construir una cultura literaria.

Sabemos que durante la infancia los padres constituyen el referente principal del niño, pero que con la adolescencia se entra en una etapa del ciclo vital caracterizada por la necesidad de diferenciación de la identidad construida en el ámbito de la familia. Si hasta esa edad lo que decían los padres era aceptado de manera natural, con la adolescencia vemos que los padres pierden una parte importante de la influencia que tienen sobre sus hijos. A esta edad es el grupo de iguales, sus compañeros y amigos y la gente de su edad, el nuevo referente para ellos.

Los jóvenes hacen más caso de la recomendación que hace un amigo sobre una lectura interesante que de los consejos lectores que pueden darles su profesor o sus padres. Y es en esta situación donde entran en juego los *booktubers*.

Pero aclaremos primero qué son los *booktubers*. Este fenómeno, como todos los que tienen su origen y desarrollo en el mundo virtual de internet, es muy reciente. Un *booktuber* es una persona que realiza y sube vídeos relacionados con los libros a YouTube. Una variedad reciente de los *booktubers* son los *bookstagramers*, que vienen a ser lo mismo, pero en la plataforma Instagram. Nosotros, por simplificar, nos referiremos a todos ellos como *booktubers*.

El fenómeno *booktuber* es fundamentalmente juvenil, tanto por lo que respecta a los creadores de contenidos (algunos son prácticamente adolescentes o lo eran cuando empezaron) como por los usuarios que siguen sus vídeos. Además, es muy reciente, pues solo lleva unos siete años de recorrido en España. Empezó siendo una pequeña comunidad de jóvenes de entre quince y treinta años apasionados por la lectura, las redes sociales y la tecnología que subían a internet vídeos sobre lo que leían. Inspirados en el mundo anglosajón (porque ahí empieza casi todo), la expansión llegó a los países hispanohablantes y se ha ido convirtiendo en una plataforma en la que los *booktubers* pueden seducir a más de doscientos mil jóvenes apasionados por los libros, pero también a los que no lo son tanto.

La mayoría de los *booktubers* provienen de blogs literarios en los que escribían reseñas o comentarios de sus libros favoritos. Poco a poco fueron notando que, cuando incluían algún vídeo en sus blogs, estos tenían mejor acogida que los textos y eran vistos por más gente. Y así, rápidamente, comenzó a crearse la comunidad BookTube. También hay que reseñar que hay otros *booktubers* que no vienen de la blogosfera literaria, sino que son antiguos (si cabe aquí la palabra) *youtubers* que se grababan a sí mismos hablando de distintos temas y que ahora han acotado sus contenidos al mundo de los libros.

Los *booktubers* son mayoritariamente mujeres y, aunque en los inicios de este fenómeno prácticamente todos utilizaban un nombre falso, en la actualidad la mayoría firman sus producciones con su nombre real.

Sea como sea, los *booktubers* se han convertido en auténticos promotores de la lectura y en prescriptores muy valorados entre la gente joven. Y estaría bien que nos preguntáramos qué es lo que ven en ellos para que los valoren tanto.

- En primer lugar, recomiendan libros a sus pares. Aquí no es el profesor el que dice el libro que hay que leer, ni el padre o la madre los que recomiendan una lectura que les ha gustado. Hablamos de jóvenes que comentan lecturas a otros jóvenes. Son simpáticos, activos, transparentes y adoptan un lenguaje cercano, de tú a tú, como si hablaran con sus amigos.
- Utilizan un lenguaje desenfadado, a veces nos puede parecer que hasta demasiado desenfadado. Hablan en sus vídeos como si lo estuvieran haciendo con un grupo de amigos en el banco de un parque o en la terraza de un bar.
- Recomiendan los libros casi siempre a partir de su experiencia personal. Han leído el libro y no tienen ningún reparo en transmitir la emoción que les ha causado y qué

es lo que más les ha gustado. Los *booktubers* transmiten sinceridad.

• Suelen hacer propuestas en positivo. Rara vez hablan de títulos que no les hayan gustado. En esto difieren muchísimo de la crítica «tradicional», que, con demasiada frecuencia, se centra en resaltar las deficiencias de las obras. Ellos no, ellos son positivos y directos. Si un libro no les ha gustado, no suelen perder el tiempo comentándolo. Prefieren centrarse en las experiencias positivas de lectura.

• Convierten el libro en una actividad social. Es frecuente que promuevan una lectura colaborativa en la que se intercambian y comparten comentarios y valoraciones sobre un libro. También suelen pedir opiniones a sus seguidores, que se ven reconocidos y valorados, e incluso algunas veces dan algún regalo.

• Crean comunidad, algo muy importante porque a los jóvenes les gusta sentirse parte de un grupo en el que se encuentran a gusto y acogidos. La lectura es una actividad principalmente solitaria y ellos ayudan a convertirla en un hecho social.

• Cuidan mucho la escenografía y utilizan un lenguaje visual que conecta con el gusto de la gente joven. En sus vídeos demuestran una gran creatividad a través de la edición, la posproducción, la música, las palabras sobreimpresas o los emoticonos. Todos estos elementos no verbales que hay detrás también comunican, y los jóvenes se sienten identificados con ellos.

«Es frecuente que los *booktubers* promuevan una lectura colaborativa en la que se intercambian y comparten comentarios y valoraciones sobre un libro.»

Qué audiencia tienen los *booktubers*

Es muy difícil saber la audiencia real en el mundo de internet, pero lo que está claro es que algunos *booktubers* son seguidos por miles y miles de jóvenes a los que les interesan los libros y que leen. Una prueba de la importancia de este fenómeno es el creciente interés de las editoriales por acercarse a este fenómeno y, en la medida de lo posible y de una manera discreta, tratar de influir en los *booktubers* para que hablen de sus novedades.

Top de *booktubers* españoles

* Uno de los precursores del movimiento es Javier Ruescas. Abrió su canal en 2010 y actualmente cuenta con más de 254.000 suscriptores, lo que lo posiciona como el *booktuber* más influyente de España.
* *El coleccionista de mundos* cuenta con más de 227.000 seguidores y lo administra Sebastián García Mouret.
* Esmeralda Verdú es también considerada una de las pioneras del fenómeno BookTube en España. A sus veintiséis años, su canal *Fly like a butterfly* alcanza una audiencia de casi 185.000 seguidores.
* Andrea Izquierdo es otra joven *booktuber* española. Tiene veintiún años y su canal, *Andrea Rowling*, atrae en YouTube a unos 150.000 seguidores.

Evidentemente, no todos los *booktubers* tienen audiencias de centenares de miles de personas. Muchos llegan a unos pocos miles de jóvenes, pero entre todos ellos han configurado un espacio importantísimo de descubrimiento de libros para la gente joven. Y es bueno que nosotros los conozcamos porque nos acercan a los gustos lectores de los adolescentes.

2. Acercar la lectura a los niños lectores desde los primeros meses de vida

Tradicionalmente, y hasta la segunda mitad del siglo pasado, se pensaba que el aprendizaje de la lectura era una tarea que competía a la escuela y, consecuentemente, esta debía comenzar con la entrada de los niños y las niñas en las instituciones educativas. En la actualidad no cabe la menor duda de que no debemos esperar a ese momento para introducirlos en el mundo de la lectura y que, además, no podemos dejar este proceso en manos exclusivas de los enseñantes. Los fundamentos de la lectura comienzan en los primeros meses de vida y el papel de las familias es fundamental.

La evidencia científica nos ha demostrado que los primeros años de vida son fundamentales para la salud y el desarrollo intelectual, lingüístico, emocional y relacional del niño y que los estímulos que reciba en este período inicial de su vida tendrán efectos significativos en el resto de su vida.

También los pediatras están de acuerdo en que leer a los hijos durante los primeros tres años de vida es fundamental para el desarrollo intelectual de los pequeños. Un niño al que leen diariamente adquirirá un vocabulario más desarrollado, tendrá más imaginación, se expresará mejor y tendrá más curiosidad por leer.

Esta convicción es la que llevó a que en diferentes lugares del mundo se comenzaran a desarrollar programas de fomento lector que centraban su ámbito de actuación en los primeros años de vida de los niños y en los que las familias debían desarrollar un papel primordial. Para ello era necesario convencerlas de la importancia que tenía que introdujeran a sus hijos en el mundo de la lectura desde los primeros meses de vida, pero también era preciso darles recursos que pudieran ayudarlas a desempeñar satisfactoriamente esta actividad.

Leer en familia

Este programa comienza en 2003 en Colombia de la mano de Fundalectura, fundación que nació en 1990 con el propósito de contribuir al desarrollo social y cultural del país por medio de la generación de espacios, condiciones y líneas políticas de fomento de la lectura y la escritura.

Los objetivos de «Leer en familia» son los siguientes:

- Concienciar a los padres del papel importante que representan la conversación, las nanas, los relatos de la tradición oral y los libros para fortalecer los vínculos afectivos con sus hijos y favorecer su desarrollo integral.
- Transformar la concepción que los padres tienen de la lectura y el aprendizaje de sus hijos al mostrarles que comienzan mucho antes del ingreso en la escuela y que se fortalecen también fuera de ella en el contacto con diferentes tipos de textos y experiencias.
- Promover el acceso a diferentes materiales de lectura: imágenes, libros, revistas, periódicos…

- Construir una red de lectura entre la familia, la biblioteca y la escuela.
- Abrir y fortalecer los espacios de lectura en familia dentro de las bibliotecas públicas.
- Difundir la lectura en voz alta como recurso para formar a lectores.
- Involucrar al sector de la salud en la formación de lectores desde la primera infancia como parte de los programas de desarrollo integral para la niñez.

«Leer en familia» se desarrolla a través de cuatro líneas de acción:

Leer en el hogar
Persigue la difusión del programa a través de los medios de comunicación y estimular la interacción con los niños a través del canto, las rimas y la lectura.

Los bebés sí pueden leer
Es una adaptación de la experiencia de Bookstart, de Gran Bretaña, que desde 1993 entrega bolsas de lecturas a los padres con hijos recién nacidos. Estas bolsas contienen un libro para los bebés, un folleto para los padres, carnets de biblioteca, listados de libros recomendados, rimas y nanas.

Leer en familia en la escuela
A través de esta actuación prestan soporte a las escuelas infantiles para que los padres lean con sus hijos al margen de las dinámicas escolares.

«Leer a los hijos durante los primeros tres años de vida es fundamental para el desarrollo intelectual de los pequeños.»

Leer en familia en las bibliotecas
Propone acercar a los niños, a los padres y a los hermanos mayores a las bibliotecas públicas.

Nascuts per llegir

Un año antes del programa «Leer en familia» comenzó en Cataluña «Nascuts per llegir» con el objetivo de promover el gusto por la lectura desde los primeros meses de vida, lo que favorece la creación de vínculos afectivos entre los padres y los hijos a partir de la lectura. Al igual que el programa de «Leer en familia», «Nascuts per llegir» intenta transmitir a las familias la importancia de actuar en los primeros años de vida de los niños y de prepararlos para la etapa del aprendizaje lector que se realizará, posteriormente, en la escuela y que puedan realizar este proceso sin dificultad.

La principal innovación de «Nascuts per llegir» es que implica un trabajo interdisciplinar entre profesionales de la salud, bibliotecarios y otros agentes relacionados con el mundo del libro y de la educación infantil. No es novedad que desde las bibliotecas o las librerías se recomienden lecturas para los más pequeños, pero sí lo es que cuidadores, pediatras o enfermeras recomienden leer y expliquen los beneficios de la lectura desde su consulta. Y, en definitiva, que receten cuentos.

Nati per leggere

Hemos dejado para el final este proyecto que nació en Italia en 1999 de la mano de la Associazione Culturale Pediatri (ACP), la Associazione Italiana Biblioteche (AIB) y el Centro per la Salute del Bambino (CSB). Al igual que los programas que ya hemos visto, el objetivo de «Nati per leggere» es desarrollar el hábito lector en los más pequeños y destacar la importancia de compartirla con los padres y con los adultos en general.

«Nati per leggere» actúa con las familias y les da recursos para favorecer el hábito lector en la familia. Igualmente, el programa está coordinado con los trabajadores de los sectores sociosanitario (médicos, enfermeros...), educativo (docentes) y cultural (bibliotecarios, libreros...), que son considerados una pieza fundamental en la relación con la familia.

No nos extenderemos más en este programa, pero sí que acabaremos el capítulo con los diez motivos que dan para que los padres lean a sus hijos:

- *Leemos porque le da placer.* A tu hijo le gusta estar en tus brazos y escuchar tu voz.
- *Leemos porque así estamos juntos.* El tiempo que estamos leyendo juntos es un tiempo rico para los dos.
- *Leemos porque lo recordará.* El recuerdo de las historias que se leen juntos permanece para siempre.
- *Leemos porque le hace bien.* La lectura en familia alimenta la mente de tu hijo y estimula su atención.

- *Leemos porque así duerme mayor.* El ritual de la historia leída favorece el sueño del niño.
- *Leemos porque cada vez que lo hacemos es diferente.* Con cada lectura el niño descubre cosas nuevas y distintas.
- *Leemos lo mismo una vez más.* A tu hijo le gusta escuchar varias veces la misma historia y no le importa que se la repitas muchas veces.
- *Leemos otro libro.* A tu hijo también le gusta que le cuentes historias nuevas y viajar a otros mundos.
- *Leemos las ilustraciones.* Cada ilustración es una historia que contar.
- *Leemos para que nos pregunten por qué.* De cada historia surgen otras historias y mil preguntas que enriquecen la vida.

3. Clubs de lectura: cuando hablar de libros es una fiesta

Los clubs de lectura son una de las maneras más efectivas de fomentar la lectura. El funcionamiento es muy sencillo: un grupo de personas, normalmente no más de quince, se reúnen de manera periódica, suele ser una vez al mes, para comentar un libro que previamente han acordado leer todos. La lectura, ya lo hemos comentado a lo largo del libro, es una actividad principalmente solitaria. La mayor parte del tiempo que pasamos leyendo lo hacemos a solas, leemos para nosotros y somos nosotros los que nos enfrentamos individualmente al relato. Los clubs de lectura ayudan a convertir el hecho de leer en un acto social. Los miembros de un club de lectura leen para divertirse, informarse y aprender, pero, principalmente, para compartir sus lecturas con otros lectores.

Podemos encontrar clubs de lectura en las bibliotecas, en muchas librerías, en escuelas y hasta en asociaciones culturales y recreativas. Incluso existen clubs de lectura virtuales para las personas que no tienen ninguno cerca o que no pueden desplazarse a uno próximo.

Y también existen, cómo no, clubs de lectura dirigidos a los niños y a los adolescentes.

La asistencia a un club de lectura es gratuita y no comporta ningún tipo de compromiso más allá de compartir el placer por la lectura entre personas que, poco a poco, pueden acabar convirtiéndose en amigos.

Si nosotros formamos parte de un club de lectura, esta puede ser una buena manera de acercarnos a lecturas que no conocíamos y que nuestros hijos vean que para nosotros leer es una actividad interesante y placentera. Y, ¿por qué no?, siempre podemos acabar siendo nosotros los que organicemos uno para nuestros hijos y sus amigos. Aquí tenéis algunos consejos para tener éxito con un club de lectura infantil o juvenil:

- *Empieza con un grupo pequeño.* Será más fácil que los miembros se conozcan y se sientan cómodos, lo que contribuirá a crear una identidad grupal. Entre siete y diez personas puede estar bien para empezar.
- *Busca colaboradores.* Ofrécete a la biblioteca o a la librería de tu barrio para organizar el club. Te ayudarán a elegir los libros y te facilitarán un sitio donde reunirte.
  Una buena opción también puede ser contactar con la escuela. Seguro que encontrarás en ella a maestros interesados en ayudarte a elegir las lecturas.
- *Sé oportunista.* Recuerda que el objetivo es que los pequeños se lo pasen bien leyendo y para ello es importante que procuremos partir de sus intereses y sus gustos. Es muy importante acertar en los libros que vamos a proponer que lean.
- *Ten presente todos los formatos.* No siempre es necesario que la actividad sea leer un libro. Proponer en algún momento una actividad en torno a una película o un juego basado en un libro, por ejemplo, puede llevarnos a acabar

hablando de la novela original. Y, si no sirve, tampoco pasa nada. Pensemos que una parte importante del club de lectura es que los niños disfruten hablando de historias.

- *Dirige, pero deja espacio para que el grupo gane en autonomía.* Seguramente es lo más difícil de conseguir porque implica ir dando protagonismo a los participantes sin llegar a perder nosotros el control del club de lectura.
- *Márcate objetivos razonables.* Vale más empezar con libros sencillos y que despierten el interés de los niños y las ganas de continuar leyendo que comenzar con uno que resulte complicado y los desmotive.
- *Haz que se lo pasen bien.* Tengamos bien presente este punto. En un club de lectura no hay trabajo final ni exámenes ni nada parecido. Si convertimos el club de lectura en algo parecido a una clase, estamos perdidos.

Por otro lado, al acabar un libro es muy interesante realizar de vez en cuando alguna actividad especial que ayude a cohesionar el grupo, como puede ser organizar una merienda en un parque, ir un día de excursión o asistir a una representación teatral.

4. Voluntariado lector: comprender la lectura para comprender la vida

La Fundación Jaume Bofill fue creada en 1969 en Barcelona con el objetivo de impulsar iniciativas, estudios y debates para mejorar la educación en Cataluña. Son muchas las actuaciones que han desarrollado a lo largo de todos estos años y de entre todos los proyectos realizados nos gustaría aquí destacar el programa LECXIT, un proyecto novedoso realizado en el ámbito extraescolar a través del cual se pretende incrementar el éxito educativo de niños y niñas entre los diez y los doce años al trabajar para la mejora de su comprensión lectora.

El punto de partida de esta actuación es la constatación, tal como se recoge en los informes PISA, de que los estudiantes de primaria que no alcanzan las competencias lectoras básicas ven afectado gravemente su rendimiento escolar posterior. La lectura es la piedra angular sobre la que se sustenta el éxito académico, la participación activa en actividades sociales y culturales y el acceso a un trabajo cualificado.

La clave de LECXIT es trabajar la comprensión lectora de forma lúdica y amena y para ello el programa recurre a adultos voluntarios que acompañan en el proceso lector de un niño una vez a la semana. Las personas voluntarias reciben una formación inicial antes de iniciar las sesiones de lectura, pero luego son ellas las que adaptan las actividades a los intereses de cada niño para hacer de la lectura una experiencia positiva y establecer una relación de confianza.

Los elementos clave de este programa de fomento lector son los cinco siguientes:

1. *Garantiza un voluntario para cada niño.* LECXIT funciona gracias a la colaboración del voluntariado, que acompaña a los niños en su actividad lectora, contribuye a crear un espacio de entretenimiento, confianza y compromiso educativo y hace que leer se convierta en una experiencia emotiva, diferente, provocadora y estimulante.

2. *Parte de los intereses del niño.* La tutoría individualizada permite centrarse en los gustos del niño y en que las sesiones sean atractivas. Los niños tienen intereses lectores diversos generados por su experiencia personal, por su curiosidad o por sus ganas de conocer, y es fundamental respetarlos y trabajar a partir de ellos.

3. *Cuenta con la participación de la escuela.* Es imprescindible contar con la escuela para garantizar un buen acompañamiento a los niños y reforzar el trabajo en las competencias lectoras. El centro educativo detecta las necesidades de los niños y en muchos casos cede el espacio para hacer la actividad semanal. Por otra parte, la participación de la escuela también es necesaria para presentar el programa a las familias e ilusionar a los niños a participar.

4. *Las familias tienen un papel fundamental.* Las familias son el principal agente educativo para transmitir la pasión lectora, por lo que su implicación es clave en el proyecto. Participan en los talleres sobre lectura para los padres y las

«La lectura es la piedra
angular sobre la que se
sustenta el éxito académico,
la participación activa
en actividades sociales
y culturales y el acceso
a un trabajo cualificado.»

madres y disponen de materiales de apoyo para incentivar la lectura en casa.

5. *El entorno forma parte de la educación y, por lo tanto, la participación del tejido local en el proyecto es necesaria.* Colaborar con entidades del territorio en la organización de actividades grupales de fomento de la lectura tiene unos efectos muy positivos, ya que permite implicar a la comunidad en el programa y enriquecer la tarea educativa. En este punto hay que destacar el importante papel que desempeñan las bibliotecas públicas, que en muchos casos son el punto de encuentro del voluntario y el lector.

En la actualidad son casi dos mil los voluntarios que de manera desinteresada acompañan a otros tantos niños para mejorar su comprensión lectora y despertarles el gusto por leer.

5. Los premios literarios: cuando lo importante es participar

La biblioteca histórica de la Universidad de Valencia se encuentra ubicada en el más antiguo y emblemático edificio de esta institución, un bello edificio neoclásico que en la actualidad acoge una parte importante de la actividad cultural de esta universidad.

El pasado 20 de noviembre, Día del Libro Valenciano en conmemoración de la primera edición del *Tirant lo Blanc*, en 1490, en la biblioteca se organizó una lectura continuada de esta obra. Desde primera hora de la mañana muchas personas se acercaron a la biblioteca de la universidad a contribuir con su lectura a dar importancia a este acto.

Hacia las seis de la tarde la gente que participaba o escuchaba la lectura se sorprendió al ver entrar en la sala de lectura a un grupo de niños y adolescentes. Algunos tenían no más de siete u ocho años. ¿Qué hacían allí?, se preguntaban algunos en voz baja.

La respuesta a la pregunta era evidente. Iban a leer, a leer en voz alta pasajes del *Tirant lo Blanc*. Y, cuando empezaron a hacerlo, había que observar la cara de los asistentes. Sorprendidos y emocionados de ver cómo estos niños y niñas leían. Lo hacían pausadamente, entonaban a la perfección, paraban cuando tenían que parar y leían con una voz alta y clara que llenaba la sala de la histórica biblioteca y que hacía que todos los asistentes permanecieran en un silencio sepulcral mientras escuchaban esas voces fantásticas.

Esos niños y jóvenes habían sido los ganadores y finalistas de la última edición del certamen «De viva veu», un concurso de lectura en voz alta que desde hace varios años se celebra en Valencia y que organiza la Fundación Full con el patrocinio de la Diputación de Valencia.

Al igual que otros concursos similares que se realizan en muchos otros lugares, «De viva veu» parte de un hecho indudable: que la lectura en voz alta es una herramienta importantísima en el fomento de la lectura en general. Nuestro cerebro fue antes oyente que lector y el poder seductor de la voz es inmenso.

Podemos animar a nuestros hijos a participar en algún concurso de lectura en voz alta. Y, si no hay ninguno, siempre es posible proponer al colegio o a la biblioteca municipal que organicen alguna actividad que facilite esta lectura compartida.

Y, si no podemos hacer ninguna de estas cosas, estaría bien que recordemos que tenemos a nuestro alcance una cosa bien sencilla y sobre la que ya hemos insistido a lo largo del libro: leer a nuestros hijos y animarlos a que nos lean a nosotros.

6. Las villas del libro: un modelo de turismo cultural sostenible

¿Es posible encontrar un pueblo que tenga más librerías que bares? Por increíble que pueda parecer, sí es posible. Estamos hablando de las villas del libro, pueblos pequeños o muy pequeños que han hecho del libro el centro de su actividad y que se han convertido en un destino imprescindible para todos los que estiman el libro y la lectura.

Las villas del libro nacen de iniciativas ciudadanas que impulsan el desarrollo económico sostenible en pequeños asentamientos rurales con una gran belleza natural y que convierten estos lugares en destinos turísticos que basan su oferta cultural en actividades en torno al libro y a la literatura.

El origen de estos lugares está en la población galesa de Hay-on-Wye y se remonta al año 1961. Este pueblo cercano a Cardiff, de unos dos mil habitantes y con cuarenta tiendas de libros, se convirtió en el primer *Booktown* del mundo y en una de las poblaciones con más librerías del mundo. En Hay-on-Wye existen librerías de todo tipo, pero entre las más singulares están las conocidas como «librerías de la honestidad». Estos negocios parten de la confianza en la buena conciencia del cliente, ya que muchas de ellas son simplemente una estantería llena de libros en una pared, sin ningún librero ni personal que atienda; los clientes eligen a su gusto los libros que deseen adquirir y a continuación dejan el dinero —diez peniques para los libros de bolsillo y una libra para los de tapa dura— en un pequeño buzón habilitado para ello en el que pone «Pague aquí».

En España, Ureña, en la provincia de Valladolid), se convirtió en el año 2007 en la primera Villa del Libro de España, por iniciativa de la Diputación Provincial. La Villa del Libro de Urueña tiene unos doscientos habitantes y cuenta con diez librerías. Pasear por sus calles es entrar en un mundo fantástico de la mano de los libros y la historia. Librerías especializadas en libros de arte e historia, talleres de caligrafía, libros viejos y raros, una librería especializada en cine... Todo esto y más podemos encontrarlo cuando paseamos por las estrechas calles de este precioso pueblo que conserva todavía su muralla medieval.

En la actualidad son cerca de cincuenta las villas del libro que hay repartidas por el mundo, si bien la mayoría de ellas se encuentran en Europa. Visitarlas si tenemos la ocasión de pasar cerca de alguna de ellas es una experiencia que recordaremos siempre.

Las villas del libro en Europa
Ascona (Suiza)
Atherstone (Reino Unido)
Bécherel (Francia)
Borrby (Suecia)
Bredevoort (Países Bajos)
Damme (Bélgica)
Esquelbecq (Francia)
Fjærland (Noruega)

Fontenoy-la-Joûte (Francia)
Hay-on-Wye (Reino Unido)
Mellösa (Suecia)
Montereggio (Italia)
Montolieu (Francia)
Mühlbeck y Friedersdorf (Alemania)
Óbidos (Portugal)
Pazin (Croacia)
Redu (Bélgica)
Saint-Pierre-de-Clages (Suiza)
Sedbergh (Reino Unido)
Selfoss (Islandia)
Sysmä (Finlandia)
Torup (Dinamarca)
Tvedestrand (Noruega)
Urueña (España)
Wigtown (Reino Unido)
Wünsdorf-Waldstadt (Alemania)

7. Las rutas literarias: viajar de la mano de los protagonistas de obras literarias

Son las 10:50, y en la ladera de la montaña donde nos hemos apostado junto a unas cien o doscientas personas más se ha hecho el silencio.

Se oye un silbido lejano que se va haciendo cada vez más fuerte. Comienza a oírse un traqueteo. Al principio es poco más que un murmullo, pero al cabo de unos instantes, comenzamos a ver una nube de vapor. Ya no hay duda: ¡el tren Jacobite ya está aquí!

Estamos en Escocia, en un precioso lugar situado entre Fort Williams y Mallaig donde se encuentra el Glenfinnan Viaduct, un viaducto de veintiún arcos construido en 1898 y que se hizo mundialmente conocido porque aparece en alguna de las novelas de Harry Potter.

Durante los meses de verano es fácil ver como más de cien o doscientas personas se concentran cada día para ver pasar el turístico tren Jacobite, con su locomotora de vapor. ¿O deberíamos decir el Hogwarts Express?

La Trilogía del Baztán ha sido uno de los grandes fenómenos editoriales en España de los últimos años. Escrita por Dolores Redondo, la trilogía, tetralogía más bien, porque hace poco fue publicada una precuela, gira en torno a unos misteriosos asesinatos que se producen en la zona del Baztán, un precioso valle de Navarra. En la actualidad, a los innumerables atractivos que tiene visitar Elizondo, la capital del Baztán, y los pequeños pueblos que forman el valle, se añade recorrer en una ruta literaria los escenarios donde transcurren las aventuras de Amaia Salazar, la inspectora protagonista de estas novelas.

La Iglesia de San Sulpicio en París es una obra maestra de la arquitectura clásica, pero nunca había gozado del favor de los turistas, pese a ser la segunda en tamaño después de Notre Dame. Hasta que llegó Dan Brown y su libro *El código Da Vinci*. Podríamos seguir con muchos otros lugares que se han hecho famosos gracias a alguna novela. Seguro que si pensamos en los molinos de Castilla-La Mancha nos vienen inmediatamente a la cabeza las andanzas de Don Quijote, y Soria la relacionamos con la obra de Antonio Machado. Y como estos dos lugares, muchos otros repartidos por toda la geografía española que se han convertido en escenario de grandes obras de nuestra literatura.

En la actualidad son muchas las rutas literarias que podemos realizar y que nos ayudan a descubrir los lugares que han sido plasmados en las obras literarias. Hacer alguna puede ser una manera interesante de conectar turismo y literatura y de presentar a nuestros hijos algunos de los escenarios de la novelas que hemos leído.

El turismo literario constituye una forma diferente de explorar nuevos lugares. El uso generalizado de los dispositivos móviles y de las tecnologías de la información, unido al desarrollo de herramientas muy precisas de *software* de posicionamiento y geolocalización, han incrementado notablemente la oferta de este tipo de viajes y nos permiten realizarlos de manera sencilla.

Su opinión es importante.
En futuras ediciones, estaremos encantados
de recoger sus comentarios sobre este libro.

Por favor, háganoslos llegar a través de nuestra web:

www.plataformaeditorial.com

Para adquirir nuestros títulos,
consulte con su librero habitual.

«¡Y qué bien entiendo ahora que al alcanzar
la madurez no hay un asunto más hermoso
para el hombre que su infancia pobre!»*
ALBERT CAMUS

«*I cannot live without books.*»
«No puedo vivir sin libros.»
THOMAS JEFFERSON

Desde 2013, Plataforma Editorial planta un árbol
por cada título publicado.

* Frase extraída de *Breviario de la dignidad humana* (Plataforma Editorial, 2013).

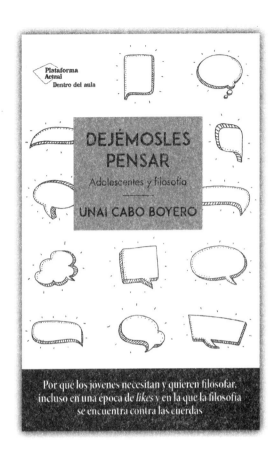

Plataforma
Actual
Dentro del aula

DEJÉMOSLES PENSAR

Adolescentes y filosofía

UNAI CABO BOYERO

Por qué los jóvenes necesitan y quieren filosofar, incluso en una época de *likes* y en la que la filosofía se encuentra contra las cuerdas

Una obra dirigida a las personas inclinadas a descubrir lo que no conocen que plantea interrogantes importantes que nos incitan a pensar, así como una reflexión sobre el lugar que deben ocupar actualmente la filosofía, la curiosidad y el pensamiento tanto dentro de las aulas como fuera de ellas.